Le petit mercure

Suivi éditorial par Jean-Michel Décimo

Le goût des vacances

Textes choisis et présentés
par Virginie Le Gallo

Mercure de France

Nous avons tenté de joindre tous les auteurs ou leurs ayants droit. Pour certains d'entre eux, malgré nos efforts, nos recherches de coordonnées n'ont donné aucun résultat. Leurs droits leur sont naturellement réservés.

ISBN : 978-2-7152-5971-3

SOMMAIRE

SOUVENIRS D'ENFANCE

RENDEZ-VOUS DE LA HAUTE SOCIÉTÉ

VACANCES POUR TOUS

INTRODUCTION

> « Si l'on passait l'année entière en vacances ;
> s'amuser serait aussi épuisant que travailler. »
>
> William SHAKESPEARE,
> *Henry IV*

Période de répit et de détente, les vacances correspondent à une certaine idée du bonheur. Elles se construisent en opposition à la routine, au travail et aux obligations. Elles laissent place à l'oisiveté, aux plaisirs et aux divertissements. Un changement bienfaiteur pour le corps et l'esprit. Un moment attendu toute l'année. Une parenthèse enchantée pour beaucoup de héros de la littérature. Jacques, le double de Jules Vallès, ressent un véritable soulagement, une délivrance ponctuelle, loin de l'école, de la triste demeure familiale et d'une surveillance étroite « Je suis donc libre ! », tandis que Cécile, dans *Bonjour tristesse*, se sent envahie « d'une insouciance parfaite ».

Même si le mot « vacances » n'apparaît pas encore, le concept existe déjà dans l'Antiquité. Les plus fortunés se retirent à la campagne ou en bord de mer pour fuir les fortes chaleurs estivales. Bien qu'ayant lui-même un train de vie luxueux grâce à son rôle de précepteur auprès de Néron, et séjournant souvent dans la station sulfureuse de Baïes, Sénèque livre une réflexion sur la futilité de posséder de riches villas et sur les implications morales des fastes et des apparats. Il dénonce l'hédonisme d'une société qui multiplie les retraites dans des lieux de vice.

Au Moyen-Âge, les « vacances » correspondent à la période des moissons. Autrement dit, les jours de congés ne sont pas consacrés au repos mais aux récoltes ou à la prière.

Au XVIIIe siècle, les maisons de plaisance et de campagne se multiplient au point d'inspirer Goldoni pour trois pièces de théâtre ayant pour thème le départ en villégiature, le séjour en lui-même, et enfin le retour. La résidence secondaire apporte une certaine considération sociale.

Puis au XIXe se développent les villes d'eau où le thermalisme connaît une vogue exceptionnelle. En témoignent les différents séjours à Plombières de l'Impératrice Joséphine pour le traitement de sa stérilité. Les bains, qui s'adressent à une clientèle fortunée, inspirent les frères Goncourt qui envoient l'homme de lettres fictif Charles Demailly se ressourcer près de Saint-Sauveur. Ce sont ensuite les déplacements sur les côtes qui deviennent très prisés. Mais avant de devenir une mode, la villégiature balnéaire correspond encore à des exigences médicales. L'air iodé et les bains de mer sont prescrits à fin curative. Le jeune Marcel Proust se rend pour la première fois en Normandie pour soigner son asthme. Les vacances se répandent progressivement dans toute l'aristocratie et la bourgeoisie d'Europe occidentale qui développe une vie mondaine en bord de mer. La Normandie est relativement proche de Paris et permet donc de s'éloigner facilement de la capitale. Il faut partir dans les stations chics retrouver la même société que celle que l'on vient de quitter. Ces stations s'édifient sur les modèles anglais de Bath, Brighton ou Ramsgate qui ont marqué la vie et l'œuvre de Jane Austen et dont elle s'est approprié les caractéristiques pour créer la ville imaginaire de Sanditon. Elles comprennent établissements de bains avec salles de bal, grands hôtels et casinos. Les Britanniques, dont l'économie était la plus florissante du monde ont été les premiers à partir et profiter de nombreuses vacances selon Henry James. En France, il est important de partir pour maintenir son rang dans la bonne société. Comme chez Goldoni, les petits bourgeois de Zola sont prêts à s'endetter pour maintenir les apparences. On loue des villas au-dessus de ses moyens, on s'adonne à des dépenses extravagantes pour soigner sa réputation et chercher un bon parti pour ses enfants. Même chez Maupassant, les vacances servent aux rencontres et aux mariages.

À la Belle Époque, les familles très fortunées se déplacent avec leurs domestiques, une partie de la vaisselle et même du mobilier. Pauline de Pange raconte qu'il s'agissait de vrais déménagements, et que sa famille retenait, pour le déplacement, un compartiment de première et deux de seconde pour le personnel. Le narrateur de *La Recherche du temps perdu*, lui, se rend à Balbec avec sa grand-mère et la servante Françoise. Le développement du chemin de fer permet évidemment une réduction du temps de trajet et une simplification d'accès aux bords de mer.

Sans se déplacer dans les endroits à la mode, les enfants des familles plus modestes s'en vont séjourner, durant les vacances scolaires, dans leur famille, et s'amuser avec leurs cousins, à l'image des jeunes héros de *L'Enfant* ou du *Grand Meaulnes* qui en gardent de merveilleux souvenirs.

Enfin, 1936 marque un tournant dans la société française avec la victoire du Front populaire, la mise en œuvre des congés payés et les vacances pour tous, ou presque...

Sonne maintenant l'heure du départ : évadez-vous avec les plus grands auteurs de la littérature...

Virginie LE GALLO

SOUVENIRS D'ENFANCE

JULES VALLÈS

Le bonheur d'être libre

Dans le premier tome de sa trilogie largement autobiographique, Jules Vallès (1832-1885) relate son enfance malheureuse auprès de parents autoritaires. Il passe les vacances scolaires à Chaudeyrolles, en Haute-Loire, où l'oncle de son père, un homme bon, est curé. Il s'agit de sa seule parenthèse de liberté au grand air, loin de l'école et de la maison assimilées à des prisons. La campagne est symbole d'ouverture et d'humanité.

Qu'y a-t-il dans ma valise, dont m'a parlé mon oncle ?
Dix francs !
Je puis les accepter de lui...
Me voilà riche tout d'un coup.

Le temps est superbe, et je descends dès neuf heures en ville, libre, et craquant du bonheur d'être libre, je me sens gai, je me sens fort, je marche en battant la terre de mes talons et en avalant des yeux tout ce qui passe : la nue dans le ciel, le soldat dans la rue ; je rôde à travers le marché, je longe la mairie, je vais au Breuil flâner, les mains derrière le dos, en chassant quelque caillou du bout de mon soulier, comme le receveur particulier qui marche devant moi et que j'imite un peu.

Il n'y a pas de devoirs, pas de pensums, ni père ni mère, personne, rien !

Il y a le tambour de ville qui s'arrête au coin du carrefour et amasse les gens; il y a les officiers à épaulettes d'or que je frôle; j'ai le droit d'aller à tous les rassemblements.

Je me fais cirer mes souliers tous les matins par Moustache. Ah! mais!

Il m'a fallu seulement un mois de vacances avec la vache à conduire, les courses dans les champs, les promenades seul, pour m'ouvrir les idées et le cœur!

Nous allons le soir au café; on est trois ou quatre anciens camarades; on joue sa demi-tasse, son petit verre et l'on fait brûler son eau-de-vie! Cette fumée, cette odeur d'alcool, le bruit des billes, le saut des bouchons, les gros rires, tout cela double mes sens et il me semble qu'il m'est poussé des moustaches et que je soulèverais le billard!

[...]

Un oncle de je ne sais quelle branche court après moi dans le Martouret et ne prend que le temps d'aller avertir Mlle Balandreau qu'il m'emmène dans sa carriole voir sa famille; il me renverra après-demain.

[...]

« Tu verras tes cousines, elles sont jolies. »

Oui, elles le sont, et comme elles ont l'air déluré, mâtin!

C'est moi qui suis *la fille,* je redeviens gauche, je me sens bête. Elles parlent très bien français pour des paysannes. Elles ont été à l'école au bourg voisin.

« Un verre de vin! me disent-elles.

— Oui, un verre de vin. »

Je n'en accepte que pour trinquer dans les cabarets ou

dans les auberges, parce que c'est gai les verres qui se choquent, comme je ne prends de cognac que pour faire des brûlots : c'est joli, les flammes bleues. Mais, ma foi, je me trouve dépassé tout d'un coup par ces cousines à l'air hardi, à la voix tintante, et je vais boire – boire du bleu et du courage.

« À votre santé ! » font-elles après avoir versé une goutte, une toute petite goutte au fond de leurs verres. Elles ont rempli le mien jusqu'au bord.

Je crois que je suis un peu gris. — Gare à vous ! cousines.

C'est qu'en effet j'ai un toupet du diable, une audace d'enfer !

Elles ont voulu me faire voir le verger. Va pour le verger ! et j'y entre en sautant par-dessus la barrière à pieds joints.

Voilà comme je suis, moi !

Mes cousines me regardent ébahies, je ris en revenant à elles pour leur tendre la main et les aider à enjamber. Une, deux, voyons !

Elles poussent de petits cris et me retombent dans les bras en mettant pied à terre ; elles s'appuient et s'accrochent, et nous allons dégringoler ! Nous dégringolons, ma foi, on perd tous l'équilibre, et nous tombons sur le gazon. Elles ont des jarretières bleues.

Comme il fait beau ! un soleil d'or ! de larges gouttes de sueur me tombent des tempes, et elles ont aussi des perles qui roulent sur leurs joues roses. Le bourdonnement des abeilles qui ronflent autour des ruches, derrière ces groseilliers, met une musique monotone dans l'air…

« Qu'est-ce que vous faites donc là-bas ? » crie une voix du seuil de la maison.

Ce que nous faisons ?... Nous sommes heureux, heureux comme je ne l'ai jamais été, comme je ne le serai jamais.

L'Enfant

Il n'y a qu'en vacances que Jacques Vingtras, double de Jules Vallès, échappe à l'emprise maternelle et aux relations conflictuelles avec le père, à une éducation répressive. « J'ai passé ma nuit à savourer ma joie », confie-t-il à l'annonce de son départ. Et déjà, plus tôt dans le roman, lorsque sa mère lui demande si ça l'amuse de passer ses vacances chez M. Soubeyrou, un maraîcher des environs, il répond « un oui lent, un oui avec une moue », parce que s'il disait la vérité, s'il confirmait que ça l'amusait, elle serait capable de l'empêcher d'y aller !

FRANÇOIS-RENÉ DE CHATEAUBRIAND

Séjour au château

Chateaubriand naît à Saint-Malo puis passe une grande partie de sa jeunesse au château de Combourg. Son père, gentilhomme armateur, l'achète en 1771 et s'y installe comme un seigneur féodal. Après son entrée au collège, François-René y revient pour les vacances. La description qu'il fait alors des amusements diurnes tranche avec les lugubres soirées de l'enfance décrites dans cette austère forteresse médiévale.

J'allai passer le temps des vacances à Combourg. La vie de château aux environs de Paris ne peut donner une idée de la vie de château dans une province reculée.

La terre de Combourg n'avait pour tout domaine que des landes, quelques moulins et les deux forêts, Bourgouët et Tanoërn, dans un pays où le bois est presque sans valeur; mais elle était riche en droits féodaux; ces droits étaient de diverses sortes : les uns déterminaient certaines redevances pour certaines concessions, ou fixaient des usages nés de l'ancien ordre politique; les autres ne semblaient avoir été dans l'origine que des divertissements.

Mon père avait fait revivre quelques-uns de ces derniers droits, afin de prévenir la prescription. Lorsque toute la famille était réunie, nous prenions part à ces amusements gothiques : les trois principaux étaient le *Saut des poissonniers,* la *Quintaine* et la foire appelée *l'Angevine.* Des paysans en sabots et en braies, hommes d'une France qui n'est plus, regardaient ces jeux d'une France qui n'était plus. Il y avait prix pour le vainqueur, amende pour le vaincu.

La Quintaine conservait la tradition des tournois : elle avait sans doute quelque rapport avec l'ancien service militaire des fiefs. Elle est très bien décrite dans du Cange *(Voce* QUINTANA). On devait payer les amendes en ancienne monnaie de cuivre, jusqu'à la valeur de *deux moutons d'or à la couronne* de 25 *sols parisis* chacun.

La foire appelée *l'Angevine* se tenait dans la prairie de l'Étang, le 4 septembre de chaque année, le jour de ma naissance. Les vassaux étaient obligés de prendre les armes, ils venaient au château lever la bannière du seigneur; de là ils se rendaient à la foire pour établir l'ordre, et prêter force à la perception d'un péage dû aux comtes de Combourg par chaque tête de bétail, espèce de droit régalien. À cette époque, mon père tenait table ouverte. On ballait pendant trois jours : les maîtres, dans la grand'salle, au raclement d'un violon; les vassaux, dans la Cour Verte, au nasillement d'une musette. On chantait, on poussait des huzzas, on tirait des arquebusades. Ces bruits se mêlaient aux mugissements des troupeaux de la foire; la foule vaguait dans les jardins et les bois, et du moins une fois l'an, on voyait à Combourg quelque chose qui ressemblait à de la joie.

Ainsi, j'ai été placé assez singulièrement dans la vie pour avoir assisté aux courses de la *Quintaine* et à la proclamation des *Droits de l'Homme;* pour avoir vu la milice bourgeoise d'un village de Bretagne et la garde nationale de France, la bannière des seigneurs de Combourg et le drapeau de la révolution. Je suis comme le dernier témoin des mœurs féodales.

Mémoires d'outre-tombe

Chateaubriand arrive à Combourg en 1777. Son père, taciturne et autoritaire, l'installe dans une chambre sombre en haut d'un donjon. Avant de dormir, il est chargé par sa mère de chasser les fantômes qui, selon la légende, hantent le château. Nul doute que Combourg nourrira son romantisme et son désenchantement. « C'est du bois de Combourg que je suis devenu ce que je suis, que j'ai commencé à sentir la première atteinte du mal que j'ai porté le reste de ma vie, de cette vague tristesse qui a fait à la fois mon tourment et ma félicité, c'est là que j'ai cherché un cœur qui pût entendre le mien… »

COLETTE

Amour de vacances

Espace-temps à part, la saison des vacances est souvent propice aux amours adolescentes. Dans Le Blé en herbe, *paru en 1923, Colette décrit subtilement le passage de l'enfance à l'adolescence, ce moment clé où l'on se cherche, se teste, s'idéalise, se rate. La fin de l'innocence, les désirs naissants, les premières étreintes. Les maladresses et les frustrations. Quoi qu'il arrive, été rime avec volupté.*

— Tu vas à la pêche, Vinca ?

D'un signe de tête hautain, la Pervenche, Vinca aux yeux couleur de pluie printanière, répondit qu'elle allait, en effet, à la pêche. Son chandail reprisé en témoignait, et ses espadrilles racornies par le sel. On savait que sa jupe à carreaux bleus et verts, qui datait de trois ans et laissait voir ses genoux, appartenait à la crevette et aux crabes. Et ces deux havenets sur l'épaule, et ce béret de laine hérissé et bleuâtre comme un chardon des dunes constituaient-ils une panoplie de pêche, oui ou non ?

Elle dépassa celui qui l'avait hélée. Elle descendit vers les rochers, à grandes enjambées de ses fuseaux maigres et bien tournés, couleur de terre cuite. Philippe la regardait marcher, comparant l'une à l'autre Vinca de cette année et Vinca des dernières vacances. A-t-elle fini de grandir ? Il est temps qu'elle s'arrête. Elle n'a pas plus de chair que l'autre année. Ses cheveux courts s'éparpillent en paille raide et bien dorée, qu'elle laisse pousser depuis quatre mois, mais qu'on ne peut ni tresser ni rouler. Elle a les joues et les mains noires de hâle, le cou blanc comme lait sous ses cheveux, le sourire contraint, le rire éclatant; et si elle ferme étroitement, sur une gorge absente, blousons et chandails, elle trousse jupe et culotte pour descendre à l'eau, aussi haut qu'elle peut, avec une sérénité de petit garçon...

Le camarade qui l'épiait, couché sur la dune à longs poils d'herbe, berçait sur ses bras croisés son menton fendu d'une fossette. Il compte seize ans et demi, puisque Vinca atteint ses quinze ans et demi. Toute leur enfance les a unis, l'adolescence les sépare. L'an passé, déjà, ils échangeaient des répliques aigres, des horions sournois; maintenant le silence, à tout moment, tombe entre eux si lourdement qu'ils préfèrent une bouderie à l'effort de la conversation. Mais Philippe, subtil, né pour la chasse et la tromperie, habille de mystère son mutisme, et s'arme de tout ce qui le gêne. Il ébauche des gestes désabusés, risque des « À quoi bon ?... Tu ne peux pas comprendre... », tandis que Vinca ne sait que se taire, souffrir de ce qu'elle tait, de ce qu'elle voudrait apprendre, et se raidir contre le précoce, l'impérieux instinct de tout donner, contre la crainte que Philippe, de jour en jour changé, d'heure en heure plus fort, ne rompe la frêle amarre qui le ramène, tous les ans, de juillet en octobre, au bois touffu incliné sur la mer, aux rochers chevelus de fucus noir. Déjà il a une manière funeste de regarder son amie fixement, sans la voir, comme si Vinca était transparente, fluide, négligeable...

C'est peut-être l'an prochain qu'elle tombera à ses

pieds et qu'elle lui dira des paroles de femme : « Phil ! ne sois pas méchant… Je t'aime, Phil, fais de moi ce que tu voudras… Parle-moi, Phil… » Mais cette année elle garde encore la dignité revêche des enfants, elle résiste, et Phil, n'aime pas cette résistance.

Il regardait la plate et gracieuse fille, qui descendait à cette heure vers la mer. Il n'avait pas plus l'envie de la caresser que de la battre, mais il la voulait confiante, promise à lui seul, et disponible comme ces trésors dont il rougissait – pétales séchés, billes d'agate, coquilles et graines, images, petite montre d'argent…

— Attends-moi, Vinca ! Je vais à la pêche avec toi ! cria-t-il.

Le Blé en herbe

Colette rédige *Le Blé en herbe* alors qu'elle est en vacances dans sa propriété de Rozven, à Saint-Coulomb entre Saint-Malo et Cancale. C'est à cet endroit qu'elle a, trois ans plus tôt, entamé une liaison avec son beau-fils, Bertrand de Jouvenel. Quand elle le rencontre, il a 17 ans, elle 47 ! La liberté et la sensualité de l'écrivain séduisent le garçon. Elle entreprend son éducation sentimentale. C'est cette relation qui lui inspire le roman. La publication entraîne son divorce et la vente de Rozven. C'est ensuite à Saint-Tropez qu'elle passera ses étés.

COMTESSE DE SÉGUR

Les cabanes

Classique de la littérature enfantine, Les Vacances *clôt la trilogie comprenant* Les Malheurs de Sophie *et* Les Petites Filles Modèles. *Camille, Madeleine, Marguerite et Sophie reçoivent, au château de Fleurville, leurs cousins et amis Léon, Jean et Jacques, pour les grandes vacances. La joyeuse équipe, qui a bien grandi, s'adonne aux activités estivales : promenades, pêche, chasse aux papillons et construction de cabanes.*

Les enfants étaient en vacances, et tous avaient congé ; les papas et les mamans avaient déclaré que, pendant six semaines, chacun ferait ce qu'il voudrait du matin au soir, sauf deux heures réservées au travail.

Le lendemain de l'arrivée des cousins, on s'éveilla de grand matin.

Marguerite sortit sa tête de dessous sa couverture et appela Sophie, qui dormait profondément ; Sophie se réveilla en sursaut et se frotta les yeux.

— Quoi ? qu'est-ce ? Faut-il partir ? Attends, je viens.

En disant ces mots, elle retomba endormie sur son oreiller.

Marguerite allait recommencer, lorsque la bonne, qui couchait près d'elle, lui dit :

— Taisez-vous donc, mademoiselle Marguerite ;

laissez-nous dormir; il n'est pas encore cinq heures; c'est trop tôt pour se lever.

MARGUERITE. — Dieu! que la nuit est longue aujourd'hui! Quel ennui de dormir!

Et, tout en songeant aux cabanes et aux plaisirs de la journée, elle aussi se rendormit.

Camille et Madeleine, éveillées depuis longtemps, attendaient patiemment que la pendule sonnât sept heures et leur permît de se lever sans déranger leur bonne, Elisa, qui, n'ayant pas de cabane à construire, dormait paisiblement.

Léon et Jean s'étaient éveillés et levés à six heures; ils finissaient leur toilette et leur prière lorsque leurs cousines se levaient.

Jacques avait eu, avant de se coucher, une conversation à voix basse avec son père et Marguerite; on les voyait causer avec animation; on les entendait rire; de temps en temps Jacques sautait, battait des mains et embrassait son papa et Marguerite; mais ils ne voulurent dire à personne de quoi ils avaient parlé avec tant de chaleur et de gaieté. Le lendemain, quand Léon et Jean allèrent éveiller Jacques, ils trouvèrent la chambre vide.

JEAN. — Comment! Déjà sorti! À quelle heure s'est-il donc levé?

LÉON. — Écoute donc; un premier jour de vacances on veut s'en donner des courses, des jeux, des promenades. Nous le retrouverons dans le jardin. En attendant mes cousines et nos amies, allons faire un tour à la ferme; nous déjeunerons avec du bon lait tout chaud et du pain bis.

Jean approuva vivement ce projet; ils arrivèrent au moment où l'on finissait de traire les vaches. La fermière, la mère Diart, les reçut avec empressement. Après les premières phrases de bonjour et de bienvenue, Léon demanda du lait et du pain bis.

La mère Diart s'empressa de les servir.

[...]

— Assez, assez, Jean, dit Léon. Si nous nous étouffons, nous ne serons plus bons à rien. N'oublie pas que nous avons nos cabanes à commencer. Nous aurons fini les nôtres avant que ce petit vantard de Jacques ait pu seulement commencer la sienne.

JEAN. — Hé, hé ! Je ne dis pas cela, moi. Jacques est fort ; il est très vif et intelligent ; il est résolu, et, quand il veut, il veut ferme.

LÉON. — Laisse donc ! Ne vas-tu pas croire qu'il saura faire une maison à lui tout seul, aidé seulement par Sophie et Marguerite ?

JEAN. — Je n'en sais rien ; nous verrons.

LÉON. — C'est tout vu d'avance, mon cher. Il fera chou blanc.

JEAN. — Ou chou pommé. Tu verras, tu verras.

LÉON. — Ce que tu dis est d'une niaiserie pommée. Ha ! ha ! ha ! Un petit gamin de sept ans architecte, maçon.

JEAN. — C'est bon ! tu riras après ; en attendant, viens chercher nos cousines ; il va être huit heures.

Les Vacances

La comtesse de Ségur commence à écrire pour ses petits enfants à l'âge de 55 ans. C'est le château des Nouettes, situé en Normandie, et offert par son père le comte Rostopchine, qui lui inspire le château de Fleurville où sont réunis les jeunes héros pour les vacances. Elle y réside de 1821 à 1872 et y est particulièrement attachée. Il s'agit d'un refuge loin de la vie mondaine et un rappel du château de Voronovo où elle a passé son enfance au sud-ouest de Moscou. Comme dans ses romans, les lieux résonnent des rires et des cris des enfants.

HONORÉ DE BALZAC

Vacances studieuses

D'origine modeste, Louis Lambert est un enfant prodige dont l'histoire imaginaire nous est racontée par l'un de ses camarades du collège des Oratoriens de Vendôme. Son goût pour les livres et sa quête spirituelle, très tôt, l'isolent du monde. Il ressemble beaucoup à Balzac qui a étudié au même endroit, pendant sept ans, sans jamais rentrer chez lui, même pour les vacances qu'il consacrait à une lecture intense, au point de plonger, en 1813, dans une sorte de coma dû à « une congestion d'idées », selon sa sœur Laure.

Après être resté pendant environ trois ans chez son oncle, vieil oratorien assez instruit, Louis en sortit au commencement de 1811 pour entrer au collège de Vendôme, où il fut mis et entretenu aux frais de madame de Staël.

Lambert dut la protection de cette femme célèbre au hasard ou sans doute à la Providence qui sait toujours aplanir les voies au génie délaissé. Mais pour nous, de qui les regards s'arrêtent à la superficie des choses humaines, ces vicissitudes, dont tant d'exemples nous sont offerts dans la vie des grands hommes, ne semblent être que le résultat d'un phénomène tout physique ; et, pour la plupart des biographes, la tête d'un homme de génie tranche sur une masse de figures enfantines comme une belle plante qui par son éclat attire dans les champs les yeux du botaniste. Cette comparaison pourrait s'appliquer à l'aventure de Louis Lambert : il venait ordinairement passer dans la maison paternelle le temps que son oncle lui accordait pour ses vacances ; mais au lieu de s'y livrer, selon l'habitude des écoliers, aux douceurs de ce bon *farniente* qui nous affriole à tout âge, il emportait dès le matin du pain et des livres ; puis il allait lire et méditer au fond des bois pour se dérober aux remontrances de sa mère, à laquelle de si constantes études paraissaient dangereuses. Admirable instinct de mère ! Dès ce temps, la lecture était devenue chez Louis une espèce de faim que rien ne pouvait assouvir : il dévorait des livres de tout genre, et se repaissait indistinctement d'œuvres religieuses, d'histoire, de philosophie et de physique. Il m'a dit avoir éprouvé d'incroyables délices en lisant des dictionnaires, à défaut d'autres ouvrages, et je l'ai cru volontiers. Quel écolier n'a maintes fois trouvé du plaisir à chercher le sens probable d'un substantif inconnu ? L'analyse d'un mot, sa physionomie, son histoire étaient pour Lambert l'occasion d'une longue rêverie. [...]

– Souvent, me dit-il, en parlant de ses lectures, j'ai accompli de délicieux voyages, embarqué sur un mot dans les abîmes du passé, comme l'insecte qui posé sur quelque brin d'herbe flotte au gré d'un fleuve. Parti de la Grèce, j'arrivais à Rome et traversais l'étendue des âges modernes. Quel beau livre ne composerait-on pas en racontant la vie et les aventures d'un mot ?

Louis Lambert

Louis Lambert est le premier chef du Cénacle, groupe d'intellectuels de *La Comédie Humaine* dont les valeurs, ainsi que les actions politiques et artistiques, sont décrites avec précision dans *Illusions Perdues*. Chercheur d'absolu, génie maudit, philosophe illuminé, il ne peut s'adapter à la société. Quand Flaubert lit *Louis Lambert*, il confie ses impressions à Louise Colet le 27 septembre 1852 : « As-tu lu un livre de Balzac qui s'appelle *Louis Lambert*? Je viens de l'achever il y a cinq minutes ; il me foudroie. C'est l'histoire d'un homme qui devient fou à force de penser aux choses intangibles. Cela s'est cramponné à moi par mille hameçons. Ce Lambert, à peu de choses près, est mon pauvre Alfred. J'ai trouvé là de nos phrases (dans le temps) presque textuelles : les causeries des deux camarades au collège sont celles que nous avions, ou analogues. »

ALAIN-FOURNIER

Au bonheur des enfants

Alain-Fournier affectionne particulièrement la Sologne, et Nançais, le village natal de son père, qu'il transforme en « Vieux-Nançay » dans Le Grand Meaulnes, *son unique œuvre, publiée en 1913. Le personnage de François Seurel passe la fin des grandes vacances chez Florentin, c'est-à-dire l'oncle Florent Raimbault, qui tient un magasin à l'enseigne de* La Grande Nouveauté, *lieu de vie si cher à l'auteur.*

Le Vieux-Nançay fut pendant très longtemps le lieu du monde que je préférais, le pays des fins de vacances, où nous n'allions que bien rarement, lorsqu'il se trouvait une voiture à louer pour nous y conduire. Il y avait eu, jadis, quelque brouille avec la branche de la famille qui habitait là-bas, et c'est pourquoi sans doute Millie se faisait tant prier chaque fois pour monter en voiture. Mais moi, je me souciais bien de ces fâcheries !... Et sitôt arrivé, je me perdais et m'ébattais parmi les oncles, les cousines et les cousins, dans une existence faite de mille occupations amusantes et de plaisirs qui me ravissaient. Nous descendions chez l'oncle. Florentin et la tante Julie, qui avaient un garçon de mon âge, le cousin Firmin, et huit filles dont les aînées, Marie-Louise, Charlotte, pouvaient avoir dix-sept et quinze ans. Ils tenaient un très grand magasin à l'une des entrées de ce bourg de Sologne, devant l'église — un magasin universel, auquel s'approvisionnaient tous les châtelains-chasseurs de la région, isolés dans la contrée perdue, à trente kilomètres de toute gare.

[...]

Par derrière, c'étaient six chambres, chacune remplie d'une seule et même marchandise : la chambre aux chapeaux, la chambre au jardinage, la chambre aux lampes... que sais-je ? Il me semblait, lorsque j'étais enfant et que je traversais ce dédale d'objets de bazar, que je n'en épuiserais jamais du regard toutes les merveilles. Et, à cette époque encore, je trouvais qu'il n'y avait de vraies vacances que passées en ce lieu.

La famille vivait dans une grande cuisine dont la porte s'ouvrait sur le magasin — cuisine où brillaient aux fins de septembre de grandes flambées de cheminée, où les chasseurs et les braconniers qui vendaient du gibier à Florentin venaient de grand matin se faire servir à boire, tandis que les petites filles, déjà levées, couraient, criaient, se passaient les unes aux autres du « sent-y-bon » sur leurs cheveux lissés. Aux murs, de vieilles photographies, de vieux *groupes scolaires* jaunis montraient mon père — on mettait longtemps à le reconnaître en uniforme — au milieu de ses camarades d'École Normale...

C'est là que se passaient nos matinées ; et aussi dans la cour où Florentin faisait pousser des dahlias et élevait des pintades, où l'on torréfiait le café, assis sur des boîtes à savon ; où nous déballions des caisses remplies d'objets divers précieusement enveloppés et dont nous ne savions pas toujours le nom...

Toute la journée, le magasin était envahi par des paysans ou par les cochers des châteaux voisins. À la porte vitrée s'arrêtaient et s'égouttaient, dans le brouillard de septembre, des charrettes, venues du fond de la campagne. Et de la cuisine nous écoutions ce que disaient les paysannes, curieux de toutes leurs histoires...

Mais le soir, après huit heures, lorsqu'avec des lanternes on portait le foin aux chevaux dont la peau fumait dans l'écurie — tout le magasin nous appartenait!

Marie-Louise, qui était l'aînée de mes cousines mais une des plus petites, achevait de plier et de ranger les piles de drap dans la boutique; elle nous encourageait à venir la distraire. Alors, Firmin et moi avec toutes les filles, nous faisions irruption dans la grande boutique, sous les lampes d'auberge, tournant les moulins à café, faisant des tours de force sur les comptoirs; et parfois Firmin allait chercher dans les greniers, car la terre battue invitait à la danse, quelque vieux trombone plein de vert-de-gris...

Le Grand Meaulnes

Dans sa biographie d'Alain-Fournier publiée aux éditions Folio, Ariane Charton rapporte les confidences de l'auteur à son ami Jacques Rivière. La vie, dans l'immense magasin de son oncle, lui a toujours parue comme dans *David Copperfield*. Un lieu de passage et de marchandage très animé recelant mille merveilles. Un monde captivant. Ces jours extraordinaires restent gravés dans sa mémoire : « En ce moment, je ne désire rien d'autre que d'aller passer mes huit derniers jours de vacances à Nançay. Ça et y être enterré. Je n'avais connu jusqu'ici que le bonheur muet d'y vivre. Il me remonte maintenant toute la poésie immense, je n'exagère rien, de ma vie, de la vie là-bas. » écrit-il dans une lettre le 13 août 1905.

MARK TWAIN

L'ennui

Élevé par sa tante dans une petite ville du Missouri avant la guerre de Sécession, Tom Sawyer est un garçon intrépide qui adore faire l'école buissonnière et les quatre cents coups. Il est devenu, dans la culture populaire, le symbole de la liberté. Mais cette liberté a beaucoup moins de saveur quand les cours s'arrêtent et qu'elle est naturellement accordée !

Encore Tom avait-il recouvré son indépendance, et cela c'était bien quelque chose. Il avait désormais toute latitude de boire et de fumer à sa guise ; or, à sa grande stupeur il constata que, maintenant qu'on ne le lui interdisait plus, il n'en avait plus envie. Décidément l'attrait du fruit défendu n'était pas un vain mot.

Tant qu'il était en classe il avait ardemment désiré être en vacances ; dès lors qu'il était en vacances il ne savait plus quoi faire de son temps. Il essaya de tenir un journal ; mais pendant trois jours consécutifs il ne lui arriva rien : il n'eut rien à y mettre, et abandonna ce beau projet. Une troupe de *minstrels,* la première qui soit venue dans le village, donna quelques auditions et fit sensation. Aussitôt Tom et Joe Harper mirent sur pied un orchestre d'exécutants ; cela les occupa pendant quarante-huit heures. La date glorieuse du 4 Juillet lui infligea une nouvelle déception : la pluie tomba à seaux.

Il n'y eut pas de défilé. Autre — et profonde — déception pour Tom ; Mr. Benton, Sénateur des États-Unis, que Tom croyait être le plus grand homme du monde, n'avait pas vingt-cinq pieds de haut.

Un cirque s'installa. Pendant les trois jours qui suivirent les représentations, les gamins jouèrent au cirque sous des tentes faites de vieux tapis en loques. Prix d'entrée : pour les garçons trois épingles ; pour les filles, deux. Le cirque lui aussi passa de mode.

Un phrénologue, puis un magnétiseur donnèrent quelques séances ; ils laissèrent en s'en allant le village plus triste, plus morne que jamais.

Il y eut plusieurs réceptions auxquelles filles et garçons étaient invités ; pour réussies qu'elles aient été, elles ne firent que rendre plus lugubres encore les intervalles qui les séparaient.

Becky Thatcher était partie passer les vacances à Constantinople avec ses parents. C'est dire que de nulle part la vie ne présentait aucun bon côté.

Les Aventure de Tom Sawyer,
traduction de François de Gail

Si *Les Aventures de Tom Sawyer* font un tabac en librairie du vivant de Mark Twain (1835-1910), il faut attendre longtemps pour que l'auteur soit reconnu pour son talent novateur, et le roman considéré comme l'une des œuvres fondatrices de la littérature anglo-saxonne pour adolescents ET adultes. « Le secret du succès est de faire de ta vocation tes vacances » écrit Mark Twain !

AUGUSTE BRIZEUX

Août breton

Poète romantique breton, Auguste Brizeux (1803-1858) s'inspire de son enfance pour composer son premier recueil, Marie. *Un retour de cœur le porte au* Mois d'Août *sur les côtes bretonnes, lui permettant d'exprimer un attachement à la famille et un amour immodéré pour son sol natal. Il contribue, à la suite de Chateaubriand, à relancer un certain lyrisme spirituel.*

Ô mes frères, voici le beau temps des vacances !
Le mois d'août, appelé par dix mois d'espérances !
De bien loin votre aîné ; je ne puis oublier
Août et ses jeux riants ; alors, pauvre écolier,
Je veux voir mon pays, notre petit domaine ;
Et toujours le mois d'août au logis nous ramène,
Tant un cœur qui nourrit un regret insensé,
Un cœur tendre s'abuse et vit dans le passé !
Voici le beau mois d'août : en courses, camarades !
La chasse le matin, et le soir les baignades !
Vraiment, pour une année, à peine nos parents
Nous ont-ils reconnus : vous si forts et si grands,
Moi courbé, moi pensif — Ô changements contraires !
La jeunesse vous cherche, elle me fuit, mes frères ;
Gaîment vous dépensez vos jours sans les compter,
Économe du temps je voudrais l'arrêter. —

Mais aux pierres du quai déjà la mer est haute :
Toi, mon plus jeune frère, allons ! gagnons la côte ;
En chemin par les blés tu liras tes leçons,
Ou bien tu cueilleras des mûres aux buissons.
Hâtons-nous ! le soleil nous brûle sur ces roches !
Ne sens-tu pas d'ici les vagues toutes proches ?
Et la mer ! l'entends-tu ? Vois-tu tous ces pêcheurs ?
N'entends-tu pas les cris et les bras des nageurs ?
Ah ! rendez-moi la mer et les bruits du rivage :
C'est là que s'éveilla mon enfance sauvage ;
Dans ces flots, orageux comme mon avenir,
Se reflètent ma vie et tout mon souvenir !
La mer ! J'aime la mer mugissante et houleuse,
Ou, comme en un bassin une liqueur huileuse,
La mer calme et d'argent ! Sur ses flancs écumeux
Quel plaisir de descendre et de bondir comme eux,
Ou, mollement bercé, retenant son haleine,
De céder comme une algue au flux qui vous entraîne !
Alors on ne voit plus que l'onde et que les cieux,
Les nuages dorés passant silencieux,
Et les oiseaux de mer, tous allongeant la tête
Et jetant un cri sourd en signe de tempête...
Ô mer, dans ton repos, dans tes bruits, dans ton air,
Comme un amant, je t'aime ! et te salue, ô mer !

Assez, assez nager ! L'ombre vient, la mer tremble ;
Contre les flots, mon frère, assez lutter ensemble !
Retrempés dans leur sel, assouplis et nerveux,
Partons ! Le vent du soir séchera nos cheveux.

Marie

« *Marie*, qui parut en 1831, à travers la tourmente politique, annonça aux rares lecteurs attentifs ces qualités de cœur et d'art ménagées dans toute leur grâce. » écrit Sainte-Beuve dans ses *Portraits contemporains*. Il ne sera pas le seul à vanter les mérites de celui qu'on appelait le « prince des bardes bretons ». Si Auguste Brizeux n'est plus guère lu aujourd'hui, il remporte un vif succès de son vivant. Soutenu par Alfred de Vigny et Victor Hugo, il est couronné par l'Académie française en 1846 pour son poème *Les Bretons*.

PAULINE DE PANGE

L'aristocratie au bord de la mer

Arrière-petite-fille de Mme de Staël et nièce de la comtesse de Ségur, Laure Marie Pauline de Broglie, comtesse de Pange (1888-1972), laisse de délicieux souvenirs sur la société aristocratique de La Belle Époque. Chaque année, fin juin, sa famille a pour habitude de partir en villégiature à Dieppe où il est séant de posséder une villa. Après avoir décrit le grand déménagement qu'imposaient le voyage et les quatre heures d'expédition, elle rend compte des occupations d'alors en bord de mer.

La vie des enfants s'organisait à Dieppe un peu comme à Paris et sans beaucoup plus de liberté. Il n'était pas question d'aller courir sur la plage où l'on ne pouvait ni enlever ses souliers ni s'asseoir à cause des galets. Je regardais avec envie les enfants pauvres, les « petits polissons » comme disait ma grand-mère, galoper pieds nus dans l'eau à travers les rochers pour pêcher des crevettes ou des moules. Mais je savais que ces jeux étaient interdits aux petites filles bien élevées. Quand il n'y avait ni trop de vent, ni surtout trop de soleil, les grandes personnes faisaient apporter par les domestiques des chaises de cuisine qu'on installait sur les galets devant le casino. Cette partie de la plage était un peu plus propre, étant défendue contre le vulgaire par des cordes tendues. Des cordes aussi séparaient les sexes dans le bain. On se déshabillait dans des cabines. Les dames riches louaient des cabines montées sur roues et traînées par un cheval qui s'avançait dans la mer jusqu'au poitrail ; de cette façon, la dame pouvait entrer dans l'eau sans être vue des autres baigneurs.

On a souvent décrit les costumes de bain enveloppants de cette époque. En fait, les dames se baignaient peu. Je n'ai jamais vu ni ma mère, ni ma sœur, ni mes tantes prendre un bain de mer ! Même les hommes portaient des vêtements flottants à peine échancrés autour du cou avec des manches, des pantalons descendant au-dessous des genoux. On restait des heures immobiles sur les galets à regarder l'horizon sous les ombrelles et avec des gants et des voilettes pour se préserver du hâle. On ne pratiquait à peu près aucun sport. Quelques jeunes gens montaient à cheval ou jouaient au tennis sur le gazon. Mon père et mon frère aîné faisaient des promenades sur des tricycles à pédales, sans pneus, bien entendu. Cela paraissait très hardi. Quelquefois, on voyait passer un gamin juché sur deux roues, l'une très grande et l'autre ridiculement petite. Cela s'appelait un vélocipède ; ancêtre des bicyclettes, cet instrument semblait sans avenir.

La « bonne compagnie » fréquentait peu l'affreux casino de style mauresque qui a heureusement été détruit peu après 1900. Ma mère disait que c'était le rendez-vous des « rastaquouères ». Ce mot étrange revenait souvent dans la conversation. Cela ne me représentait rien de précis mais je remarquais que les « rastas », devenus les habitués de la terrasse du Casino, n'offraient pas tout à fait le même genre d'élégances que mes parents et leurs amis relégués sur les chaises de cuisine entre les cordes, sur les galets.

Un photographe élégant, J. de Montès, avait son atelier dans un pavillon du Casino. Il obtenait beaucoup de succès. Tous, bourgeois, aristocrates et rastaquouères, se faisaient photographier devant les décors de son invention. C'étaient sous un ciel d'orage des silhouettes évocatrices. J'ai ainsi des photos de toute la famille et de moi-même devant des tours en ruines, des colonnes brisées, des balustrades romantiques. Seule, ma grand-mère refusa toujours de poser devant M. de Montès. Il fallut attendre, bien plus tard, l'apparition des premiers kodaks d'amateur pour avoir des portraits d'elle, mais par surprise.

Comment j'ai vu 1900

> À la fin du XIXe et au début du XXe siècle, Dieppe est une station balnéaire huppée. La comtesse Greffulhe, tante de Pauline de Pange, y avait la somptueuse villa La Case où elle recevait son cousin, l'homme de lettres, poète et dandy Robert de Montesquiou, et ses amis. C'est elle qui servit de modèle à Proust pour le personnage de la duchesse de Guermantes dans *À la recherche du temps perdu*.

LOUIS-FERDINAND CÉLINE

Premier bain

Durant son enfance, Céline ne quitte guère le passage Choiseul à Paris. Il y habite, avec ses parents, dans un local au-dessus de la boutique de nouveautés tenue par sa mère. Au cours de l'été 1905, pour la première fois, à l'âge de 11 ans, il passe ses vacances à Dieppe. Son père, né au Havre, connaît bien la mer. Mais pour le jeune Louis, le premier bain est aussi décapant que le récit qu'il en fait.

Papa il savait bien nager, il était porté sur les bains. Moi ça me disait pas grand-chose. La plage de Dieppe elle est pas bonne. Enfin c'était les vacances ! Et puis surtout j'étais devenu bien plus sale encore qu'au Passage.

Nous n'avions à la « Mésange » qu'une petite cuvette pour nous trois. Je coupais à tous les bains de pieds. Je commençais à sentir très fort, presque aussi fort que l'évier.

Les bains de mer, c'était du courage. C'est la crête fumante, redressée, bétonnée de cent mille galets, grondante qui s'écrase et me happe.

Transi, raclé, l'enfant vacille et succombe... Un univers en cailloux me baratine tous les os parmi les flocons, la mousse. C'est la tête qui branle d'abord, qui porte, bascule, pilonne au fond des graviers...

Chaque seconde est la dernière... Mon père en maillot zébré, entre deux vallées mugissantes s'époumone. Il m'apparaît... Il éructe... s'épuise, déconne. Un rouleau le culbute aussi, le retourne, le voilà les nougats en l'air... Il gigote comme une grenouille... Il se redresse plus, il est foutu... Il me fonce alors dans la poitrine une terrible rafale de galets... Je suis criblé... Noyé... Affreux... Je suis écrasé par un déluge... Puis ça me ramène encore, projeté gisant aux pieds de ma mère... Elle veut me saisir, m'arracher... La succion me décroche... M'éloigne... Elle pousse un horrible cri... La plage tout entière afflue... Mais tout effort est déjà vain... Les baigneurs s'agglomèrent, s'agitent... Quand la furie me bute au fond, je remonte râler en surface... Je vise le temps d'un éclair qu'ils discutent sur mon agonie... Ils sont là de toutes les couleurs : des verts... des bleus, des ombrelles, des jaunes... des citron... Je tourbillonne dans mes morceaux... Et puis j'aperçois plus rien... Une bouée m'étrangle... On me hale sur les rochers... tel un cachalot... Le vulnéraire m'emporte la gueule, on me recouvre tout d'arnica... Je brûle sous les enveloppements... Les terribles frictions. Je suis garrotté dans trois peignoirs.

Tout autour alors, on explique... Que la mer est trop forte pour moi ! Très bien ! Ça va ! J'en demandais jamais tant !... On faisait ça pour le sacrifice... Pour le nettoyage vigoureux...

Mort à crédit

C'est à Saint-Malo que Céline rédige une partie de *Mort à crédit*. Il a l'habitude d'y louer un appartement, face au Casino. La Bretagne lui est chère, berceau de la famille maternelle. Il séjourne aussi plusieurs fois sur la côte normande, du côté de la branche paternelle, au Havre, dans les années 1930. La première tasse oubliée, la mer le fascine tout comme les ports, les bateaux, l'horizon lointain. Un trois-mâts, voiles au vent, sera gravé sur sa tombe à Meudon.

RENDEZ-VOUS DE LA HAUTE SOCIÉTÉ

SÉNÈQUE

Les retraites du philosophe

À la fin de sa vie, Sénèque rédige des lettres à l'intention de son ami Lucilius alors gouverneur romain de Sicile. Ce dernier, bien plus jeune, fait figure de disciple. La correspondance contient grand nombre de conseils comme celui de se détacher des plaisirs du monde et de mener une vie sobre. Le sujet de la missive qui suit porte sur le choix que doit faire le sage de sa résidence secondaire.

Ainsi, [si le sage] songe à une retraite, jamais Canope ne sera son choix : pourtant Canope n'interdit à personne d'être sobre. Baïes ne l'attirera pas davantage, Baïes devenu le lieu de plaisance de tous les vices. Là le plaisir se permet plus de choses qu'ailleurs ; là, comme si c'était une convenance même du lieu, il se met plus à l'aise. Il faut choisir une région salubre non-seulement au corps, mais à l'âme. Pas plus que parmi les bourreaux, je ne voudrais loger auprès des tavernes. Avoir le spectacle de l'ivresse errante sur ces rivages, de l'orgie qui passe en gondoles, des concerts de voix qui résonnent sur le lac, et de tous les excès d'une débauche comme affranchie de toute loi, qui fait le mal et le fait avec ostentation, est-ce là une nécessité ? Non : mais un devoir pour nous, c'est de fuir au plus loin tout ce qui excite aux vices. Endurcissons notre âme, et tenons-la à longue distance des séductions de la volupté. Un seul quartier d'hiver amollit Annibal ; et l'homme que n'avaient dompté ni les neiges ni les Alpes se laissa énerver aux délices de la Campanie. Vainqueur par les armes, il fut vaincu par les vices.

Nous aussi nous avons une guerre à soutenir, guerre où nul relâche, nulle trêve n'est permise. Le premier ennemi à vaincre est la volupté qui, tu le vois, entraîna dans ses pièges les cœurs les plus farouches. Qui embrassera cette tâche en la mesurant tout entière saura qu'il ne doit accorder rien à la mollesse, rien à la sensualité. Qu'ai-je besoin de ces étangs d'eau chaude, de ces bains sudorifiques où s'engouffre un air sec et brûlant qui épuise le corps ? Que le travail seul fasse couler nos sueurs. Si, comme Annibal, interrompant le cours de nos progrès et ne songeant plus aux batailles, le bien-être physique absorbait nos soins, qui ne blâmerait, et avec justice, une indolence hors de saison, dangereuse après la victoire, plus dangereuse quand la victoire est inachevée ?

[...]

Quiconque est tout à ces idées choisira une sérieuse, une sainte retraite. Une nature trop riante efféminé les âmes, et nul doute que pour briser leur vigueur le pays n'ait quelque influence. Tout chemin est supportable aux bêtes de somme dont le sabot s'est endurci sur d'âpres sentiers ; celles qui furent engraissées dans de molles et humides prairies se déchaussent vite. Nos meilleurs soldats viennent de la montagne : point d'énergie chez ceux qui naquirent et vécurent à la ville. Nul labeur ne rebute des mains qui passent de la charrue aux armes : la poussière de la première marche abat nos parfumés et brillants citadins. La sévérité du site est un enseignement qui affermit le moral et le rend propre aux plus grands efforts. Liternum était pour Scipion un exil plus décent que Baïes ; un tel naufragé ne devait pas reposer si mollement. Ceux même que la fortune du peuple romain a investis les premiers de la souveraineté, Marius et Pompée et César, construisirent, il est vrai, des *villas* dans le pays de Baïes, mais ils les placèrent au sommet des montagnes. Il leur paraissait plus militaire de dominer au loin du regard les campagnes étendues à leurs pieds.

Lettres à Lucilius,
traduction de Joseph Baillard

Baïes est une station balnéaire de l'antiquité romaine située au nord-ouest du golfe de Naples, un haut lieu de villégiature fréquenté par les notables pour sa beauté, la douceur de son climat et les qualités de ses eaux thermales. Sorte de « Saint-Tropez latin », la cité aurait abrité les villas de nombreuses célébrités comme César, Auguste, Pompée, Cicéron, Ovide et Caligula. Capitale de la fête et de la débauche, ce lieu de toutes les tentations représente même un danger pour le philosophe. Baïes tirerait son nom de la présence de la sépulture de Baios, timonier d'Ulysse, mort près de ces rivages. Aujourd'hui le site est englouti. L'affaissement du sol dû au bradyséisme a entraîné les vestiges romains dans les profondeurs marines.

CARLO GOLDONI

Le départ

La Manie de la villégiature *est une pièce de théâtre en trois actes écrite et représentée en 1761. Il s'agit du premier volet de* La Trilogie de la villégiature. *Goldoni y dépeint les mœurs de la bourgeoisie vénitienne qui, pour copier l'aristocratie, quitte la ville les mois d'été pour les douceurs de la campagne. Mais les vacances ont un coût. Les protagonistes dépensent plus qu'ils ne le peuvent pour maintenir leur rang.*

LEONARDO, *entrant :* Qu'est-ce que vous fabriquez ici ? Il y a cent choses à faire et, au lieu de les faire, vous perdez votre temps.

PAOLO : Pardonnez-moi, monsieur, mais je crois que préparer la malle est du nombre des choses qu'il faut faire.

LEONARDO : J'ai besoin de vous pour quelque chose de plus important. Quant à la malle, dites aux servantes de la terminer.

PAOLO : Elles sont occupées avec madame Vittoria ; elles travaillent pour elle et il n'y a pas le moindre espoir même de les apercevoir.

LEONARDO : C'est bien là le grand défaut de ma sœur. Elle n'est jamais satisfaite. Elle voudrait toujours avoir toute la domesticité à sa disposition. Lorsqu'il s'agit de partir en villégiature, un mois ne lui suffit pas pour se préparer. Deux servantes pendant un mois rien que pour elle. C'est insupportable !

PAOLO : Ajoutez que, nos deux servantes ne lui suffisant pas, elle a fait venir deux femmes pour les aider.

LEONARDO : Et que fait-elle de tout ce monde ? Elle se fait faire une nouvelle robe ?

PAOLO : Non, monsieur. Sa nouvelle robe, c'est le couturier qui la lui fait. Ici, elle fait remettre à neuf par ces femmes ses vêtements usagés. Elle se fait faire des casaquins, des manteaux, des bonnets pour le jour, des bonnets pour la nuit, une quantité de garnitures de dentelle, de rubans, de fleurettes, tout un arsenal de choses, quoi ! Et tout cela pour aller à la campagne. Car, de nos jours, il faut s'habiller plus à la campagne qu'à la ville.

LEONARDO : Oui, ce n'est que trop vrai : si l'on veut faire figure dans le monde, il faut que l'on fasse ce que fait autrui. Notre villégiature de Montenero est l'une des plus fréquentées, elle est plus élégante que les autres et la compagnie qu'on y rencontre est des plus distinguées. Je suis donc, moi aussi, dans l'obligation d'en faire plus que je ne le voudrais. C'est pourquoi j'ai besoin de vous. Les heures passent, nous devons partir de Livourne avant le soir, et je veux que tout soit prêt et, surtout, qu'il ne manque rien.

PAOLO : Ordonnez et je ferai tout mon possible.

LEONARDO : Avant tout, dressons un peu l'inventaire de ce qu'il y a et de ce qu'il faudrait. J'ai peur que nous n'ayons pas assez de couverts.

PAOLO : Deux douzaines devraient suffire.

[...]

LEONARDO : Dans ma situation, il me faut faire

plus que l'indispensable. Ma maison de campagne est contiguë à celle de monsieur Filippo. Il est habitué à se bien traiter ; c'est un homme splendide et généreux ; il reçoit magnifiquement, et moi, je ne veux pas qu'on se moque de moi et faire moins belle figure que lui.

PAOLO : Faites tout ce que vous dicte votre prudence.

LEONARDO : Allez chez monsieur Guirlando et priez-le de ma part de bien vouloir me louer deux coutelières, quatre plats et six chandeliers d'argent.

PAOLO : À vos ordres, monsieur.

LEONARDO : Passez ensuite chez le droguiste et faites-vous donner dix livres de café, cinquante livres de chocolat, vingt livres de sucre et un assortiment d'épices.

La Manie de la villégiature,
traduction de Michel Arnaud
© Éditions Denoël, 1963,

Goldoni quitte sa Venise natale pour la France en 1762. Alors qu'il s'apprête à rentrer chez lui en 1765, il est appelé à Versailles pour enseigner l'italien à Madame Adélaïde, fille de de Louis XV, puis à Madame Élisabeth, sœur de Louis XVI. Il écrit, à l'occasion du mariage de Louis XVI et Marie-Antoinette, son plus grand succès, *Le Bourru bienfaisant*. La pièce est jouée en 1771 à la Comédie-Française. Le roi lui accorde une pension. Le théâtre est au goût de Marie-Antoinette.

JANE AUSTEN

Le goût des algues

Jane Austen écrit Sanditon *en 1817. À cette époque où la bonne société anglaise découvre les vertus de l'air marin et les bienfaits des bains, des spéculateurs immobiliers prévoient un projet ambitieux pour la côte, imaginant développer une station balnéaire, un lieu de villégiature à la mode. L'auteur tourne en dérision les occupations bourgeoises et superficielles de ses personnages en vacances.*

Ils cheminèrent dans les galets, échangeant plusieurs remarques polies. Ils aperçurent le reste du groupe presque en même temps, à l'autre bout de la plage près des cabines de bain ; Charlotte et Henry suivirent Sidney dans cette direction. Tout le long du chemin, les algues brunes et cassantes, séchées par le soleil, craquaient très agréablement sous leurs pieds mais Charlotte venait d'annoncer, et Mr. Brudenall avait acquiescé, qu'une telle abondance d'algues devait être considérée comme un vrai désagrément pour une station balnéaire, lorsque cette opinion se trouva radicalement mise en question par la rencontre de leurs amis.

Les demoiselles Beaufort étaient en extase devant les algues. Il s'agissait apparemment du principal titre de gloire de Brinshore... et avaient-ils vu les tableaux d'algues en vente à la boutique à côté de la bibliothèque ?

Oh, alors il fallait qu'ils aillent aussitôt les contempler. Les algues, insistaient les demoiselles Beaufort, étaient un réel attrait pour une station balnéaire ; on pouvait passer des heures plaisantes à réunir des espèces rares, on pouvait les dessiner, les conserver dans des herbiers ou les arranger en compositions artistiques.

Même Arthur semblait avoir été un peu gagné par leur enthousiasme, bien qu'il y vît un passe-temps plutôt scientifique. S'étant libéré de Miss Lydia et de Miss Laetitia et s'approchant à présent de Charlotte, il brandissait un spécimen d'algue olivâtre et luisante qu'il avait ramassé lui-même.

« Que pensez-vous de ça ? dit-il fièrement. Pas la moindre déchirure, pas le moindre dommage nulle part.

— C'est vrai, reconnut Charlotte en touchant la chose avec précaution. Je suppose que la vase les rend assez souples pour empêcher qu'elles ne se déchirent.

— Et songez combien il doit être absorbant de les réunir et d'en identifier toutes les variétés, car il y en a des centaines. Nous venons de croiser un ami de la nature parti en chasse : il tenait un panier d'une main et une pique de l'autre, et il pataugeait à marée basse à la recherche de nouveaux spécimens. Celle-ci, m'a-t-il dit, est très commune. Mais regardez comme elle est belle avec ses frondes découpées et ses courbes ondulantes. »

Charlotte regarda l'algue mais refusa de la prendre. En revanche, Miss Lambe, qui avait également décidé de marcher avec Miss Heywood, l'admirait de façon si timide et pourtant si sincère qu'Arthur fut fort satisfait de la lui offrir.

Pour sa part, Charlotte resta insensible aux charmes des algues, même lorsqu'ils arrivèrent à la boutique indiquée par les demoiselles Beaufort et furent encouragés à admirer les tableaux encadrés. Séchées et montées soigneusement sous verre, les algues apparaissaient maintenant sous la forme de paniers ou de bouquets de fleurs, disposées au-dessus, en dessous ou autour d'inévitables quatrains à la calligraphie impeccable :

De l'océan profond nous sommes bien les fleurs ;
Peu nous importe donc le froid ou la chaleur ;
Voyez notre beauté et nos vives couleurs,
De la profonde mer nous sommes bien les fleurs.

[...] « Oh ! Ces tableaux d'algues m'enchantent tout à fait, s'exclama Miss Laetitia. Dès que nous serons rentrées à Sanditon, nous devrons essayer d'y trouver des algues. Alors nous pourrions fabriquer nos propres tableaux. À marée basse, vous savez, je suis sûre que nous pourrions en découvrir quelque part. »

Sanditon,
traduction de Laurent Bury

Sanditon est ce qu'on peut appeler l'un des premiers romans balnéaires. La famille Austen a profité de nombreuses vacances en bord de mer, ce qui a certainement beaucoup inspiré Jane. Dans *Orgueil et Préjugés*, Lydia Bennett se rend à Brighton tandis que Georgiana Darcy vit ses premiers émois à Ramsgate. *Emma*, elle, rêve de voir la mer... Quant aux personnages de *Persuasion*, c'est à Lyme Regis qu'ils se retrouvent. Le succès du livre et ses accents autobiographiques auraient entraîné un afflux d'admirateurs dans la ville au charme désuet, sur la côte sud de l'Angleterre.

GUSTAVE FLAUBERT

De l'art de nouer des liens en villégiature

L'Éducation sentimentale *découle d'un récit en partie autobiographique intitulé* Mémoires d'un fou. *Flaubert n'a que 17 ans lorsqu'il finit de rédiger ce court texte qui ne sortira qu'après sa mort en 1901. Le narrateur, jeune homme désabusé, y relate sa passion pour Maria, une femme mariée rencontrée pendant les vacances sur la plage de Trouville.*

Aux bains de mer, à la campagne ou en voyage, on se parle plus facilement, on désire se connaître. Un rien suffit pour la conversation : la pluie et le beau temps bien plus qu'ailleurs y tiennent place. On se récrie sur l'incommodité des logements, sur le détestable de la cuisine d'auberge ; ce dernier trait surtout est du meilleur ton possible. Ô le linge, — est-il sale ! C'est trop poivré, c'est trop épicé ! Ah ! l'horreur, ma chère !

Va-t-on ensemble à la promenade, c'est à qui s'extasiera davantage sur la beauté du paysage. — Que c'est beau, que la mer est belle !

Joignez à cela quelques mots poétiques et boursouflés, deux ou trois réflexions philosophiques entrelardées de soupirs et d'aspirations du nez plus ou moins fortes. Si vous savez dessiner, tirez votre album en maroquin — ou, ce qui est mieux, enfoncez votre casquette sur les yeux, croisez-vous les bras et dormez pour faire semblant de penser.

Il y a des femmes que j'ai flairées *bel*-esprit à un quart de lieue loin, seulement à la manière dont elles regardaient la vague.

Il faudra vous plaindre des hommes, manger peu et vous passionner pour un rocher, admirer un pré et vous mourir d'amour pour la mer. Ah ! vous serez délicieux alors ; on dira : Le charmant jeune homme ! — quelle jolie blouse il a ! comme ses bottes sont fines ! quelle grâce ! la belle âme ! C'est ce besoin de parler, cet instinct d'aller en troupeau où les plus hardis marchent en tête qui a fait, dans l'origine, les sociétés et qui, de nos jours, forme les réunions.

Mémoires d'un fou

Trouville joue un rôle très important dans la vie et la jeunesse de Flaubert. Il y passe des vacances avec ses parents en 1836 à l'Auberge de l'Agneau d'Or. Il rencontre Elsa Schlésinger sur la plage. Elle a 26 ans, il en a 15. Elle est mariée et mère d'un enfant. Symbole de l'amour impossible, elle deviendra le modèle de plusieurs de ses personnages. Flaubert revient souvent à Trouville. En août 1853, en séjour dans la ville normande, il écrit à Louise Colet : « Tous mes souvenirs de ma jeunesse crient sous mes pas, comme les coquillages de la plage. Chaque lame de la mer que je regarde tomber éveille en moi des ressentiments lointains. J'entends gronder les jours passés et se presser comme des flots toute l'interminable série des passions disparues. Je me rappelle les spasmes que j'avais, des tristesses, des convoitises qui sifflaient par rafales, comme le vent dans les cordages, et les larges envies vagues tourbillonnant dans du noir, comme un troupeau de mouettes sauvages dans une nuée orageuse. Et sur qui veux-tu que je me repose si ce n'est sur toi ? ».

FRÈRES GONCOURT

Les eaux

Certainement marqués par Balzac et la destinée de Lucien de Rubempré, les frères Goncourt écrivent eux aussi un roman sur la désillusion en explorant les coulisses de la presse à scandale et de la vie littéraire et artistique du Second Empire. Charles Demailly *raconte la splendeur et la décadence d'un homme de lettres. Avant de sombrer complètement dans la folie, le héros, qui a épousé une comédienne égocentrique et vénale, est envoyé dans une ville d'eaux pour se ressourcer. Il est alors courant pour les médecins de prescrire des vacances pour soigner les maladies ou le surmenage.*

— Comment donc ?... mais qu'est-ce que vous avez ?... Rien... Vous êtes malade comme tous les gens de lettres... Les hommes de talent ne meurent que quand ils veulent... Votre maladie ? mais vous savez le mot de Voltaire : « Je suis né *tué...* »... Un poison lent, comme vous voyez ! — et faisant un changement de jambes avec l'élégance de mouvement de Molé ou de Firmin : — Au fait, — reprit le joli médecin, — si au lieu de prendre votre eau ferrée ici dans votre chambre, vous alliez la boire sur place à une source, à Forges, par exemple, ou à Bussang ? Le voyage vous remuerait..., et puis l'air, les promenades... Vous vous secourez, malgré vous... Nous sommes à la soixantième représentation... Il n'est pas à présumer que cela ira beaucoup plus loin... Je ne vois rien qui nous empêche de donner un congé à votre femme… non, rien…

Marthe appuya la proposition du médecin, et entra dans son rôle d'épouse avec une chaleur et un cœur qui firent plaisir à Charles. Charles résista un peu. Aller à des eaux le contrariait ; il craignait la curiosité autour de sa demi-célébrité, autour du nom de sa femme.

— Parfaitement, — dit le médecin, — parfaitement… J'ai votre affaire…, des eaux qui commencent, ou plutôt qui recommencent… Saint-Sauveur, auprès de Troyes…, d'anciennes sources abandonnées depuis des siècles… Il y a des certificats sur parchemin, un comte de Champagne, un Thibaut quelconque qui a fait une cure merveilleuse au retour d'une croisade… Des eaux très puissantes, sérieusement… j'ai vu l'analyse… je vous donnerai une lettre de recommandation pour un brave garçon que j'ai fait nommer là… justement, c'est sa partie, *l'anémie*… un piocheur, mais voilà tout. Vous serez très bien. Je voulais y envoyer la petite Noémi, mais… vous savez qu'elle a rompu avec Robert… Aymard a fait une complainte là-dessus… il y a le dernier couplet… attendez donc… C'est sur l'air… ah ! je ne sais plus… ce diable d'Aymard !… vous le connaissez ?… bien amusant… Qu'est-ce que je vous disais ? Ah ! viande noire… tout ce qu'il y a de plus noire, je n'ai pas besoin de vous répéter cela…

Marthe reconduisait le médecin : — Ce n'est rien, docteur, n'est-ce pas ?

— Rien du tout, mon enfant… Parbleu ! il n'a pas de sang à donner pour la transfusion d'un ami… nerveux, il est très nerveux, voilà, avec cela douillet, et légèrement hypocondre, cela va de soi… Du sang ! du sang ! est-ce qu'on a du sang à Paris, dans notre vie ! Tout le monde s'en passe... et on vit... Je ne vous ai pas encore fait compliment de votre nouveau mouvement à votre seconde, entrée. Ah ! charmant c'est trouvé !

— Est-ce qu'il y a peu de monde à ces eaux ?

— Ma foi ! je n'en sais rien... Il y a une direction qui fait beaucoup d'annonces. On annonce que la salle de bal est finie... un salon de lecture, tous les journaux..., enfin des eaux, vous savez... Cela vous contrarie-t-il ? Voulez-vous que je conseille à votre mari d'aller à...

— Du tout... c'était pour les toilettes à emporter.

Charles Demailly

Les frères Goncourt font plusieurs cures en Auvergne dans la station thermale de Royat. Ils s'installent au Grand Hôtel construit en 1865 après la visite de Napoléon III et de la princesse Eugénie. L'endroit, qui possède un magnifique patrimoine architectural, s'est transformé peu à peu en un lieu de cure et de villégiature pour l'aristocratie et la bourgeoisie. Les thermes auraient aussi accueilli George Sand, Sarah Bernhardt, Colette et Stéphane Mallarmé.

ÉMILE ZOLA

Mariage à la plage

Grâce à son ami Tourgueniev, Zola collabore au journal pétersbourgeois Le Messager de l'Europe *de 1875 à 1880. Il envoie des articles portant sur la vie française de l'époque ainsi que des contes et des nouvelles qui paraissent en russe avant d'être assemblés dans des recueils en français.* Les bains, *sorte de satire des classes moyennes en vacances d'été, fait partie d'un groupe de cinq textes intitulé* Les Parisiens en villégiature. *Un chef de bureau et sa femme sont prêts à se ruiner pour louer une villa en bord de mer et y trouver des prétendants pour leurs filles.*

Un beau matin de juillet, M. et Mme Pichon, encore au lit, discutent pour savoir à quels bains de mer conduire leurs trois filles, cette année.

« À Dieppe, propose la maman.

— Non, non, marmonne le papa d'un air préoccupé. On n'y rencontre pas une âme de connaissance. Seuls les Michelin y vont et ils n'ont plus de fils célibataire.

— Eh bien ! alors, allons à Cabourg !

— En voilà une idée ! Cabourg est peuplé de peintres.

— Et si l'on allait à Houlgate ; on dit que l'endroit est des plus charmants.

— Non, la vie y est trop chère. Dans ce cas-là, autant aller simplement à Trouville. »

La mère continue à énumérer les plages : Fécamp,

Le Tréport, Villerville, Étretat; mais le père, pour une raison ou pour une autre, rejette toutes ses suggestions et, tout en enfilant ses pantoufles, déclare avec dépit que bientôt il n'y aura plus d'endroit décent où emmener les filles afin qu'elles y trouvent des maris sortables. Ce matin, M. et Mme Pichon n'arrivent pas à se mettre d'accord sur un lieu de villégiature et cela les met d'une humeur détestable.

Mais, trois jours plus tard, Pichon rentre chez lui, l'air gai. Il ne dit rien devant ces demoiselles, mais une fois au lit et la bougie soufflée, il chuchote à l'oreille de sa femme :

« Sais-tu que les Beaudrillard vont à Luc-sur-Mer ?

— Oh ! répond sa femme, Luc-sur-Mer n'est pas joli du tout.

— Allons donc ! C'est un endroit ravissant... Beaudrillard m'a dit le mois dernier qu'il aimerait bien caser son fils Charles.

— Ce petit laideron d'avocat ?

— Point laid du tout. Il est très gentil. Le père lui donne cent cinquante mille francs, sans compter les cadeaux... Il n'y a plus à discuter. Nous irons à Luc-sur-Mer. »

Le lendemain, on annonce cette nouvelle aux jeunes filles, qui boudent un peu. Luc-sur-Mer, qui joue le rôle d'un Trouville pour Caen et Bayeux, leur semble un trou épouvantable. Néanmoins, elles se soumettent et le départ est fixé aux derniers jours de juillet. À Caen, Pichon a un ami qui promet de leur louer une petite maison.

Personne n'imagine les nombreux soucis que trois filles à marier peuvent procurer à un père. Charlotte, la plus jeune, n'a que dix-sept ans et elle peut encore attendre. Mais les deux autres, Clotilde l'aînée et Eugénie la deuxième, ont respectivement vingt-quatre et vingt et un ans et c'est là un âge respectable. C'est pourquoi, dans tous ses agissements, Pichon ne poursuit qu'un seul but, celui de caser ses demoiselles.

[...]

La famille Pichon est enfin prête. Ces dames veulent emmener une dizaine de valises. Il leur faut aussi un carton spécial pour les chapeaux. Ensuite, ce sont les visites d'adieu. Chez toutes leurs amies, la mère et les filles répètent les mêmes phrases sur Luc-sur-Mer, où elles se rendent cette année. Il paraît que cette station balnéaire s'améliore tous les ans et que là se réunit la société la plus choisie. De plus, l'hiver a été très bruyant. Elles veulent se reposer et quitter le monde pour quelque temps.

À Luc-sur-Mer, la villa qu'elles occupent est tout au bord de la mer. Elle est bâtie en briques et en bois et menace de s'effondrer au moindre souffle. Mais la petite maison, badigeonnée de couleurs vives, veut prétendre à la gaieté, au milieu d'un étroit et maigre jardinet au sol crayeux, sur lequel même le chardon se refuse à pousser. Grâce à un escalier taillé dans le rocher, on peut descendre vers la mer et s'y baigner à marée haute, juste sous les fenêtres de la villa.

« Mais c'est un jouet ! dit Charlotte en riant. Nous n'y entrerons jamais avec toutes nos malles. » Pourtant ils s'y tassent peu à peu.

Les Parisiens en villégiature

Rendez-vous de la haute société

Zola n'est pas en séjour en Normandie mais à L'Estaque quand il rédige *Les Parisiens en villégiature*. C'est son ami Cézanne, profondément attaché à sa Provence natale, qui l'y invite pour la première fois car il a l'habitude d'y louer une petite maison. Zola y revient à d'autres reprises indépendamment du peintre. Le lieu lui inspire notamment *Naïs Micoulin*. Le Midi attire une clientèle aisée pendant la période d'hiver. Ancien hameau isolé de pêcheurs et de fabricants de tuiles, L'Estaque devient, dans la seconde partie du XIXe siècle, un village industrialisé et une station balnéaire.

GUY DE MAUPASSANT

Arrière-saison

Le conte intitulé Épaves *est publié pour la première fois dans le journal* Le Gaulois *en 1881. Le narrateur se trouve dans une station balnéaire en décembre. Les touristes sont partis depuis longtemps. Ne restent que les locaux, les pêcheurs et les épaves de l'été. Le lieu évoqué par Maupassant serait Étretat.*

Quels sont ces gens restés ainsi quand tout le monde est parti ?

Ce sont les épaves de l'été. Chaque plage a les siennes.

Le premier est un grand homme. Entendons-nous : un grand homme de bains de mer. La race en est nombreuse.

Quel est celui de nous qui, arrivant en plein été dans ce qu'on appelle une station de bains, n'a pas rencontré un ami quelconque ou une simple connaissance venue déjà depuis quelque temps, possédant tous les visages, tous les noms, toutes les histoires, tous les cancans.

On fait ensemble un tour de plage. Soudain on rencontre un monsieur sur le passage duquel les autres baigneurs se retournent pour le contempler de dos. Il a l'air très important ; ses cheveux longs, coiffés artistement d'un béret de matelot, encrassent un peu le col de sa vareuse ; il se dandine en marchant vite, les yeux vagues, comme s'il se livrait à un travail mental important, et on dirait qu'il se sent chez lui, qu'il se sait *sympathique*. Il pose, enfin.

Votre compagnon vous serre le bras :

— C'est Rivoil.

Vous demandez naïvement :

— Qui ça, Rivoil ?

Brusquement votre ami s'arrête et, vous fixant dans les yeux, indigne :

— Ah ! ça, mon cher, d'où sortez-vous ? Vous ne connaissez pas Rivoil, le violoniste ! Ça, c'est fort par exemple ! Mais c'est un artiste de premier ordre, un maître, il n'est pas permis de l'ignorer. »

[...]

Vous rencontrez encore deux peintres ; un homme de lettres, rédacteur d'un journal ignoré ; plus un chef de bureau. [...]

Voilà les grands hommes ; et leur renommée est due seulement à la régularité de leurs retours. Depuis douze ans ils apparaissent régulièrement à la même date ; et, comme tous les ans quelques baigneurs de l'année précédente reviennent, on se lègue d'été en été ces réputations locales qui, par l'effet du temps, sont devenues de véritables célébrités, écrasant, sur la plage qu'ils ont choisie, toutes les réputations de passage.

[...]

Quand les baigneurs sont partis, le grand homme reste ; il reste tant qu'une famille, une seule, sera là. Il est encore grand homme quelques jours pour cette famille. Ça lui suffit.

Et toujours une famille reste également, une pauvre famille de la ville voisine avec trois filles à marier. Elle vient tous les étés ; et les demoiselles Bautané sont aussi connues dans ce lieu que le grand homme. Depuis dix ans, elles font leur saison de pêche au mari (sans rien prendre, d'ailleurs), comme les matelots font leur saison de pêche au hareng. Mais elles vieillissent ; les gens du peuple savent leur âge et déplorent leur célibat : « Elles sont bien avenantes cependant ! »

Et voilà qu'après la fuite du monde élégant, chaque automne, la famille et l'homme célèbre se retrouvent face à face. Ils restent là un mois, deux mois, se voyant chaque jour, ne pouvant se décider à quitter la plage où vivent leurs rêves. Dans la famille, on parle de lui comme on parlerait de Victor Hugo ; il dîne souvent à la table commune, l'hôtel étant triste et vide.

Il n'est pas beau, lui, il n'est pas jeune, il n'est pas riche. Mais il est, dans le pays, M. Rivoil, le violoniste. Quand on lui demande comment il ne rentre pas à Paris, où tant de succès l'attendent, il répond invariablement : « Oh ! moi, j'aime éperdument la nature solitaire. Ce pays ne me plaît que lorsqu'il devient désert ! »

Mais un matelot, qui m'avait reconnu, m'aborda. Après m'avoir parlé de la pêche qui n'allait pas fort, le hareng devenant rare dans les parages, et des Terre-Neuviens revenus, et de la quantité de morue rapportée il me montra d'un coup d'œil les promeneurs, puis ajouta : « Vous savez M. Rivoil va épouser la dernière des demoiselles Bautané. » Il allait seul, en effet, côte à côte avec elle, à quelques pas derrière le tas de la famille.

Et j'eus un serrement de cœur en songeant à ces épaves de la vie, à ces tristes êtres perdus, à ce mariage d'arrière-saison après le dernier espoir envolé, à ce grand homme en toc accepté comme rossignol par cette pauvre fille, qui, sans lui, aurait été bientôt à la femme ce qu'est le poisson salé au poisson frais.

Les Épaves

> Maupassant passe de nombreuses vacances à Étretat chez sa grand-mère puis dans la maison des Verguies appartenant à sa mère. C'est un excellent nageur. En 1868, il sauve de la noyade le poète anglais décadent Charles Algernon Swinburne qui l'invite à dîner dans la chaumière qu'il loue en remerciement pour son courage. Maupassant en garde une forte impression : il y voit des tableaux et des bibelots étranges dont la main coupée et momifiée d'un supplicié. Ce dîner lui inspire sa nouvelle fantastique *La Main coupée*. En 1882, il fait bâtir, à l'extrémité d'Étretat, la Guillette, où il fait de fréquents séjours et reçoit ses invités.

HENRY JAMES

Privilèges anglais

Écrivain américain naturalisé britannique, Henry James voyage beaucoup en Europe et s'établit en Angleterre à partir de 1876. Il habite successivement Londres, Kensington et Rye. Les Heures anglaises *datent de ses années touristiques. Il y scrute les mentalités et compare, non sans ironie, les différences de mœurs entre la société anglaise (Ancien Monde) et la société américaine (Nouveau Monde).*

En Angleterre, la vie de campagne est l'avers de la médaille, la vie citadine le revers, et, quand une occasion de quitter Londres se présente, rares sont les membres de ce que les Français appellent « la classe aisée » qui n'ont pas le choix dans toute une collection de retraites ennuyeuses, moisies et verdoyantes. Je les dis ennuyeuses, et non sans raison, j'imagine; mais, au moment où je parle, leur ennui a dû être animé par la présence incessante du plus vif et du plus piquant des vents pascals. Même pour les propriétés de campagne anglaises douillettes, Pâques est une période d'âpreté et d'aigreur atmosphériques — le moment où la franche hostilité de l'hiver, qui doit enfin abandonner le jeu, se transforme en hargne et en rancune. Et c'est ce qui rend arbitraire, comme je viens de le dire, le fait que des gens « aisés » aillent retrouver des parcs frissonnants et des pelouses balayées par le vent. Mais rien n'est plus frappant pour un Américain que la fréquence des vacances anglaises, et le large usage qu'on fait de toute occasion d'un « petit changement ». Tout cela indique aux Américains trois éléments qu'ils ont l'habitude de se voir accorder en plus maigre quantité. Les Anglais ont plus de temps que nous, ils ont plus d'argent, et ils ont un goût plus prononcé pour les loisirs actifs. Les loisirs, la fortune et l'amour du sport sont d'heureuses caractéristiques rencontrées à chaque tournant. Le Parlement ne s'est ouvert que très peu de semaines avant Pâques, et pourtant un congé d'une dizaine de jours a déjà paru nécessaire au luxueux point de vue parlementaire. D'ici peu de temps, nous aurons les vacances de la Pentecôte, et de là jusqu'au milieu de l'été, quand tout s'arrête, le chemin est facile. Les hommes d'affaires et les employés se partagent également ces agréables diversions, et j'ai été intéressé d'entendre une dame dont le mari est un membre actif du barreau déclarer que, même s'il quittait la ville avec elle pour dix jours, et même si Pâques était une très agréable « petite pause », ils s'amusaient vraiment mieux durant les fêtes suivantes, qui tombaient vers la fin de mai. Je n'en ai guère douté, et j'ai admiré, dans leur carrière, ce que la brise soufflait d'ombre et de lumière. Si ma phrase semble légèrement ironique, c'est purement accidentel. Un grand appétit pour les vacances, la capacité non seulement de les prendre, mais de savoir qu'en faire une fois prises, sont les signes d'un peuple robuste, et, jugés dans ce domaine, nous sommes tristement inexperts, nous autres Américains.

Les vacances que nous prenons, nous les prenons très souvent en Europe, où l'on peut parfois remarquer que nous ne savons trop que faire de notre privilège.

Heures anglaises,
traduction de Jean Pavans

Henry James passe aussi beaucoup de temps en France. Lors d'un séjour à Paris, il se lie d'amitié avec Tourgueniev qu'il admire et sur qui il publie un essai. Il rencontre Flaubert, Zola, Maupassant, Edmond de Goncourt et Alphonse Daudet. En 1884, il fait publier son *Little Tour in France* traduit sous le titre *Voyage en France*. Entre petit guide et journal de voyage, l'ouvrage servira à plusieurs générations de touristes.

CHARLES DICKENS

Des bains pour les mondains

Charles Dickens consacre l'un de ses tout premiers récits aux vacances. Dans Les Tuggs à Ramsgate, *publié en 1936 sous le pseudonyme de Boz, il conte l'arrivée, par la grâce inespérée d'un héritage, d'une famille d'épiciers londoniens dans la station mondaine de Ramsgate. Quelle surprise, pour ces pauvres ignorants, de découvrir que la mer n'est pas uniquement le domaine des pêcheurs et qu'on peut s'y baigner !*

Si la jetée avait offert au regard des Tuggs, lors de leur arrivée à Ramsgate, un spectacle de vive animation et d'agitation, il fut largement surpassé par la vue de la plage, le lendemain matin. C'était une belle journée, claire, lumineuse, avec une brise qui venait de la mer. Il y avait les mêmes messieurs, les mêmes dames, les mêmes enfants, les mêmes bonnes d'enfants, les mêmes longues-vues, les mêmes chaises pliantes. Les dames faisaient de la couture, de la broderie, tressaient des cordons de montres, tricotaient, lisaient des romans ; les messieurs lisaient des journaux, des revues ; avec des pelles en bois, les enfants creusaient des trous dans le sable pour qu'ils se remplissent d'eau ; les bonnes d'enfants, qui portaient dans leurs bras les plus petits de ceux qu'elles gardaient, couraient à la poursuite des vagues descendantes, puis s'enfuyaient devant les vagues montantes ; et de temps en temps, un petit voilier s'en allait avec une fournée joyeuse et jacassante de passagers, puis revenait avec les mêmes, cette fois taciturnes, et paraissant fort mal en point.

« Oh ben alors ! » s'écria Mme Tuggs, lorsqu'elle-même, M. Joseph Tuggs, et Mlle Charlotta Tuggs, et M. Cymon Tuggs, leurs huit pieds chaussés d'un nombre égal de souliers jaunes s'installèrent dans quatre fauteuils de rotin qui, placés en un endroit où le sable était mou, aussitôt s'enfoncèrent de plus de soixante-quinze centimètres. « Oh ben alors ! »

En exerçant sa considérable force personnelle, M. Cymon déracina les fauteuils et les ramena un peu en arrière.

« Oh ! Seigneur ! V'là t'y pas des dames qui vont se baigner ! » s'écria M. Joseph Tuggs avec la stupéfaction la plus totale.

« Mon Dieu, père ! » s'écria Mlle Charlotta.

— Mais si, ma chérie ! » dit M. Joseph Tuggs.

Effectivement, quatre jeunes femmes, chacune portant une serviette, montèrent d'un pas léger les marches d'une cabine de bain. Et voilà le cheval qui pataugea dans l'eau, la cabine qui pivota, le conducteur qui se rassit et, quelques instants après, les jeunes femmes qui ressurgirent dans quatre giclées d'eau.

« Ah ! v'là encore qué'que chose de bizarre ! » lança M. Joseph Tuggs après un silence embarrassé. M. Cymon toussota.

« Tiens ! v'là des messieurs qu'y vont se mettre à l'eau de ce côté-là ! », s'écria, d'un ton effaré, Mme Tuggs.

Trois cabines de bains — trois chevaux — trois pataugeages — trois petits tours — trois giclées d'eau — trois messieurs s'ébattant dans l'eau comme trois dauphins.

« Ah ! que c'est bizarre ! » dit à nouveau M. Joseph Tuggs.

Les Tuggs à Ramsgate,
traduction d'Alain-Michel Boyer.

> Au début du XIXe siècle, il est mal vu, surtout pour les femmes, de se montrer en maillot de bain. Il faut trouver un moyen pour permettre aux gens de se baigner sans trop se dénuder et ainsi respecter un code moral strict en matière de mœurs publiques. On utilise donc la cabine mobile, ou roulotte de bain, tirée par des animaux de traits et permettant au baigneur d'être emmené jusqu'à la mer puis d'être ramené en sens inverse vers la plage tout en se changeant.

MARCEL PROUST

Rencontres de bord de mer

Le jeune Marcel Proust passe plusieurs étés sur la côte normande à Cabourg. La station balnéaire, rebaptisée Balbec, tient une place importante dans La recherche *puisque le narrateur y passe des premières vacances heureuses en compagnie de sa grand-mère bien aimée. C'est sur la plage qu'il fait connaissance de la petite bande « des jeunes filles en fleurs », attiré par leur fraîcheur, leur gaieté et leur insolence.*

C'est un grand charme ajouté à la vie dans une station balnéaire comme était Balbec, si le visage d'une jolie fille, une marchande de coquillages, de gâteaux ou de fleurs, peint en vives couleurs dans notre pensée, est quotidiennement pour nous dès le matin le but de chacune de ces journées oisives et lumineuses qu'on passe sur la plage. Elles sont alors, et par là, bien que désœuvrées, alertes comme des journées de travail, aiguillées, aimantées, soulevées légèrement vers un instant prochain, celui où tout en achetant des sablés, des roses, des ammonites, on se délectera à voir, sur un visage féminin, les couleurs étalées aussi purement que sur une fleur. Mais au moins, ces petites marchandes, d'abord on peut leur parler, ce qui évite d'avoir à construire avec l'imagination les autres côtés que ceux que nous fournit la simple perception visuelle, et à recréer leur vie, à s'exagérer son charme, comme devant un portrait; surtout, justement parce qu'on leur parle, on peut apprendre où, à quelles heures on peut les retrouver. Or il n'en était nullement ainsi pour moi en ce qui concernait les jeunes filles de la petite bande. Leurs habitudes m'étant inconnues, quand certains jours je ne les apercevais pas, ignorant la cause de leur absence, je cherchais si celle-ci était quelque chose de fixe, si on ne les voyait que tous les deux jours, ou quand il faisait tel temps, ou s'il y avait des jours où on ne les voyait jamais. Je me figurais d'avance ami avec elles et leur disant : « Mais vous n'éticz pas là tel jour ? – Ah ! oui, c'est parce que c'était un samedi, le samedi nous ne venons jamais parce que… » Encore si c'était aussi simple que de savoir que le triste samedi il est inutile de s'acharner, qu'on pourrait parcourir la plage en tous sens, s'asseoir à la devanture du pâtissier, faire semblant de manger un éclair, entrer chez le marchand de curiosités, attendre l'heure du bain, le concert, l'arrivée de la marée, le coucher du soleil, la nuit, sans voir la petite bande désirée. Mais le jour fatal ne revenait peut-être pas une fois par semaine. Il ne tombait peut-être pas forcément un samedi. Peut-être certaines conditions atmosphériques influaient-elles sur lui ou lui étaient-elles entièrement étrangères. Combien d'observations patientes, mais non point sereines, il faut recueillir sur les mouvements en apparence irréguliers de ces mondes inconnus avant de pouvoir être sûr qu'on ne s'est pas laissé abuser par des coïncidences, que nos prévisions ne seront pas trompées, avant de dégager les lois certaines, acquises au prix d'expériences cruelles, de cette astronomie passionnée ! Me rappelant que je ne les avais pas vues le même jour qu'aujourd'hui, je me disais qu'elles ne viendraient pas, qu'il était inutile de rester sur la plage. Et justement je les apercevais. En revanche, un jour où, autant que j'avais pu supposer que des lois réglaient le retour de ces constellations, j'avais calculé devoir être un jour faste, elles ne venaient pas. Mais à cette première incertitude si je les verrais ou non le jour même venait s'en ajouter une plus grave, si je les reverrais jamais, car j'ignorais en somme si elles ne devaient pas partir pour l'Amérique ou rentrer à Paris. Cela suffisait pour me faire commencer à les aimer.

À l'ombre des jeunes filles en fleurs

Proust a dix ans lorsqu'il est victime d'une première crise d'asthme et qu'un médecin préconise à ses parents de lui faire respirer l'air marin. C'est ainsi qu'il découvre Cabourg et y passe plusieurs séjours. Des années plus tard, en 1907, il repère dans le *Figaro* un article sur la réouverture du Grand Hôtel. Nostalgique des vacances normandes passées en compagnie de sa mère lorsqu'il était enfant, et attiré par le confort moderne et le luxe de l'établissement, il décide de s'y établir pour l'été. Il y reviendra tous les ans jusqu'à la guerre en 1914, louant la chambre 414 d'où il peut observer les marées et écrire. *À l'ombre des jeunes filles en fleurs* reçoit le prix Goncourt en 1919.

VACANCES POUR TOUS

VICTOR HUGO

Partie de campagne

Née à Montreuil-sur-Mer, Fantine, personnage emblématique des Misérables, *se rend à Paris à la recherche d'une vie meilleure. Elle devient grisette et cohabite avec des amies ouvrières. Elle rencontre Tholomyès, séducteur et jouisseur. Elle profite avec lui de divers amusements avant le drame qui la plongera dans la misère. En attendant le traçage des voies ferrées et l'arrivée du train au milieu du* XIX*e siècle, on s'évade dans la campagne proche de Paris en voiture à cheval.*

Ce qu'était une partie de campagne d'étudiants et de grisettes, il y a quarante-cinq ans, on se le représente malaisément aujourd'hui. Paris n'a plus les mêmes environs; la figure de ce qu'on pourrait appeler la vie circum-parisienne a complètement changé depuis un demi-siècle; où il y avait le coucou, il y a le wagon; où il y avait la patache, il y a le bateau à vapeur; on dit aujourd'hui Fécamp comme alors on disait Saint-Cloud. Le Paris de 1862 est une ville qui a la France pour banlieue.

Les quatre couples accomplirent consciencieusement toutes les folies champêtres possibles alors. On entrait dans les vacances, et c'était une chaude et claire journée d'été. La veille, Favourite, la seule qui sût écrire, avait écrit ceci à Tholomyès au nom des quatre : « C'est un bonne heure de sortir de bonheur. » C'est pourquoi ils se levèrent à cinq heures du matin. Puis ils allèrent à

Saint-Cloud par le coche, regardèrent la cascade à sec, et s'écrièrent : cela doit être bien beau, quand il y a de l'eau ! déjeunèrent à la *Tête-Noire,* où Castaing n'avait pas encore passé, se payèrent une partie de bagues au quinconce du grand bassin, montèrent à la lanterne de Diogène, jouèrent des macarons à la roulette du pont de Sèvres, cueillirent des bouquets à Puteaux, achetèrent des mirlitons à Neuilly, mangèrent partout des chaussons de pommes, furent parfaitement heureux.

Les jeunes filles bruissaient et bavardaient comme des fauvettes échappées. C'était un délire. Elles donnaient par moments de petites tapes aux jeunes gens. Ivresse matinale de la vie ! Adorables années ! L'aile des libellules frissonne. Oh ! qui que vous soyez, vous souvenez-vous ? Avez-vous marché dans les broussailles, en écartant, les branches à cause de la tête charmante qui vient derrière vous ? Avez-vous glissé en riant sur quelque talus mouillé par la pluie avec une femme aimée qui vous retient par la main et qui s'écrie : Ah ! mes brodequins tout neufs ! dans quel état ils sont !

Disons tout de suite que cette joyeuse contrariété, une ondée, manqua à cette compagnie de belle humeur, quoique Favourite eût dit en partant, avec un accent magistral et maternel : *Les limaces se promènent dans les sentiers. Signe de pluie, mes enfants.*

Toutes quatre étaient follement jolies. Un bon vieux poète classique, alors en renom, un bonhomme qui avait une Éléonore, M. le chevalier de Labouisse errant ce jour-là sous les marronniers de Saint-Cloud, les vit passer vers dix heures du matin et s'écria : *il y en a une de trop,* songeant aux Grâces.

Les Misérables

Les grisettes sont des travailleuses indépendantes, de modeste condition, coquettes et faciles à courtiser : « couturières, modistes, fleuristes ou lingères, enfin tous ces gentils minois en cheveux, chapeaux, bonnets, tabliers à poches, et situés en magasin » selon Balzac. Il s'agit d'une figure populaire de la littérature française dans la première moitié du XIXe siècle. Quant à la partie de campagne, elle est devenue une mode sous le Second-Empire. Autant d'éléments qui inspirent aussi Eugène Scribe pour un tableau-vaudeville en un acte intitulé *Le Bal champêtre, ou les Grisettes à la campagne*.

CHARLES BAUDELAIRE

La fête collective

Le Vieux saltimbanque *fait partie des cinquante pièces qui composent* les Petits poèmes en prose, *recueil posthume paru en 1869. Baudelaire se sert de l'image de la foule insouciante en vacances pour montrer, par contraste, la solitude du poète. Il séduit le lecteur en utilisant le vocabulaire de la fête et de la liesse pour l'amener ensuite à contempler un personnage en marge de la société.*

Partout s'étalait, se répandait, s'ébaudissait le peuple en vacances. C'était une de ces solennités sur lesquelles, pendant un long temps, comptent les saltimbanques, les faiseurs de tours, les montreurs d'animaux et les boutiquiers ambulants, pour compenser les mauvais temps de l'année.

En ces jours-là, il me semble que le peuple oublie tout, la douleur et le travail; il devient pareil aux enfants. Pour les petits, c'est un jour de congé, c'est l'horreur de l'école renvoyée à vingt-quatre heures. Pour les grands, c'est un armistice conclu avec les puissances malfaisantes de la vie, un répit dans la contention et la lutte universelles.

L'homme du monde, lui-même et l'homme occupé de travaux spirituels, échappent difficilement à l'influence de ce jubilé populaire. Ils absorbent, sans le vouloir, leur part de cette atmosphère d'insouciance. Pour moi, je ne manque jamais, en vrai Parisien, de passer la revue de toutes les baraques qui se pavanent à ces époques solennelles.

Elles se faisaient, en vérité, une concurrence formidable. Elles piaillaient, beuglaient, hurlaient ; c'était un mélange de cris, de détonations de cuivre et d'explosions de fusées ; les queues-rouges et les Jocrisses convulsaient les traits de leurs visages basanés, racornis par le vent, la pluie et le soleil ; ils lançaient, avec l'aplomb des comédiens sûrs de leurs effets, des bons mots et des plaisanteries d'un comique solide et lourd comme celui de Molière. Les hercules, fiers de l'énormité de leurs membres, sans front et sans crâne, comme les orangs-outangs, se prélassaient majestueusement sous leurs maillots lavés la veille pour la circonstance. Les danseuses, belles comme des fées ou des princesses, sautaient et cabriolaient, sous le feu des lanternes qui remplissaient leurs jupes d'étincelles.

Tout n'était que lumière, poussière, cris, joie, tumulte ; les uns dépensaient, les autres gagnaient, les uns et les autres également joyeux. Les enfants se suspendaient aux jupons de leurs mères pour obtenir quelque bâton de sucre, ou montaient sur les épaules de leurs pères pour mieux voir un escamoteur éblouissant comme un dieu. Et partout circulait, dominant tous les parfums, une odeur de friture qui était comme l'encens de cette fête.

Au bout, à l'extrême bout de la rangée de baraques, comme si, honteux, il s'était exilé lui-même de toutes ces splendeurs, je vis un pauvre saltimbanque voûté, caduc, décrépit, une ruine d'homme, adossé contre un des poteaux de sa cahute, une cahute plus misérable que celle du sauvage le plus abruti, et dont deux bouts de chandelle, coulants et fumants, éclairaient trop bien encore la détresse.

Partout la joie, le gain, la débauche, partout la certitude du pain pour les lendemains, partout l'explosion frénétique de la vitalité. Ici la misère absolue, la misère affublée, pour comble d'horreur, de haillons comiques, où la nécessité, bien plus que l'art, avait introduit le contraste. Il ne riait pas, le misérable ! il ne pleurait pas, il ne dansait pas, il ne gesticulait pas, il ne criait pas ; il ne chantait aucune chanson, ni gai ni lamentable, il n'implorait pas. Il était muet et immobile. Il avait renoncé, il avait abdiqué. Sa destinée était faite.

Le Spleen de Paris

Baudelaire s'interroge sur la vie moderne et la condition de l'artiste. Il nous fait voir ici le poète dans son rapport au temps, aux gens, à l'existence. On retrouve les structures présentes dans *l'Albatros* qui, pareillement, se construit comme une allégorie. Dans les deux cas, le poète incarne la solitude. En vacances, les positions s'inversent. Les travailleurs deviennent oisifs et les oisifs travailleurs. Baudelaire oppose le peuple à l'amuseur, les vacances au travail, le profane au sacré.

STEFAN ZWEIG

Jeu dangereux

La nouvelle intitulée Brûlant secret, *publiée dans un recueil en 1911, puis seule en 1913, connaît un très bon accueil critique et un succès considérable auprès du public. Un jeune baron autrichien, en vacances dans une station de montagnes, décide de tromper son ennui en séduisant une femme d'âge mûr. Manipulation et perfidie sont au programme pour ce séducteur qui ne supporte pas la solitude.*

La locomotive poussa un cri rauque : on avait atteint le Semmering. Les wagons noirs firent une minute d'arrêt dans la lumière argentée de l'altitude, crachèrent quelques voyageurs bigarrés, en avalèrent d'autres, ici et là, on s'interpella bruyamment, puis l'engin enroué, en tête, lança encore son cri et entraîna la lourde et bruyante chaîne noire dans l'embouchure du tunnel pour entamer la descente. Calme et pur, avec ses lointains dégagés, nettoyés par le vent humide, le paysage réapparut dans le vaste panorama.

L'un des voyageurs descendus à la station, une personne jeune que ses vêtements confortables autant que sa désinvolture et son naturel distinguaient de façon sympathique, prit les autres de vitesse et arrêta un fiacre pour se rendre à l'hôtel. Les chevaux trottaient dans la montée sans se presser. Il y avait du printemps dans l'air. Dans le ciel, couraient ces turbulents nuages blancs qu'on ne voit qu'en mai et en juin, ces gais lurons, jeunes encore eux-mêmes et papillonnant, qui font la course sur la piste bleue pour se cacher soudain derrière de hautes montagnes, qui se rejoignent et s'échappent, tantôt se froissent en chiffon comme des mouchoirs tantôt s'effilochent en minces rubans, puis finalement, facétieux, coiffent les monts de bonnet blancs. L'agitation régnait également là-haut, où le vent secouait si violemment les arbres maigres encore mouillés de pluie qu'ils craquaient dans leurs jointures et aspergeaient leur voisinage de mille gouttes étincelantes. Parfois, on croyait sentir venir, depuis les montagnes, la fraîcheur d'une odeur de neige, puis dans l'air qu'on respirait, on pouvait déceler quelque chose de piquant et de suave à la fois. Tout, dans l'air et la terre, était en effervescence, dans une fermentation impatiente. Annoncés de loin par le tintement de leurs clochettes, les chevaux, s'ébrouant à petit bruit, abordaient maintenant la descente du chemin.

Le premier mouvement du jeune homme, arrivé à l'hôtel, fut d'aller consulter la liste des hôtes présents, liste qu'aussitôt désappointé il eut vite fait de parcourir. « Que suis-je venu faire ici ? » se prit-il à songer avec un peu d'humeur. « Se trouver seul ici à la montagne, sans société, c'est pire que le bureau. À l'évidence je suis arrivé trop tôt ou trop tard. Je n'ai jamais de chance avec mes vacances. Je ne vois pas un seul nom connu parmi tous ces gens. » Si au moins il y avait eu là quelques femmes, un petit flirt en perspective, même sans conséquence, pour rendre supportable cette semaine qui s'annonçait mal. Le jeune homme, baron de la peu prestigieuse aristocratie autrichienne des commis de l'État, employé au proconsulat, avait pris cette semaine de congé sans nécessité particulière, en fait, simplement parce que tous ses collègues avaient obtenu une semaine de congé de printemps et qu'il ne voulait pas faire cadeau de cet avantage à son service. Par nature, et bien que non dépourvu de qualités, il aimait être en société, et c'était ce qu'on appréciait en lui ; bien vu dans tous les cercles, il était conscient de sa totale incapacité à la solitude. Non désireux de faire plus intimement sa propre connaissance, il redoutait le face-à-face avec lui-même et évitait soigneusement pareil tête-à-tête. Il savait qu'il avait besoin de se frotter aux gens pour faire briller ses talents, sa nature chaleureuse et cordiale, et seul, il se sentait inutile et sans flamme comme une allumette dans sa boîte.

Brûlant secret,
traduction de Nicole Taubes

La nouvelle est pour la première fois adaptée au cinéma en 1933 sous le titre *Fin de saison* par le réalisateur allemand Robert Siodmak. L'action se déroule cette fois dans une station de la Suisse italienne. Comme dans le texte de Zweig, le client d'un palace tente d'approcher une femme en sympathisant avec son fils. Le garçon d'une douzaine d'années, fasciné par l'inconnu et fier de cette nouvelle amitié, va déchanter en comprenant qu'il n'a été qu'un instrument pour faciliter une idylle. Incompréhension, sentiment de trahison, jalousie et accès de violence vont se succéder dans un climat de sensualité diffuse. Le film est interdit par Goebbels peu après sa sortie. Robert Siodmak est poussé à l'exil (comme tous les participants juifs du long métrage). Il s'installe à Paris, où il réalise plusieurs films, puis s'envole vers Hollywood.

JULES RENARD

L'invitation

C'est un séjour à Barfleur, au bord de la Manche, en 1887, qui inspire à Jules Renard L'Écornifleur. *Il a 23 ans quand ses employeurs, les Galbrun, l'invitent à passer le mois d'août avec eux et leur nièce. Ils apparaissent sous les traits des Vernet, petits, médiocres et naïfs. Renard, lui, se prénomme Henri. Pseudo-poète, cynique et fainéant, il parvient, en usant de supercherie, à se faire aimer de la famille, séduisant la femme et la nièce. Ce « roman de plage », méchant, drôle et légèrement sulfureux, remporte un vif succès à sa sortie en 1892.*

MADAME VERNET : Puisque vos élèves vont prendre leurs vacances, vous devriez nous accompagner au bord de la mer.

HENRI : Y pensez-vous, chère madame ? Et mes affaires ! mon avenir !

MADAME VERNET : Vous travaillerez là-bas. Vous aurez votre chambre. Vous serez tranquille.

MONSIEUR VERNET : Et vous me rendrez service. Il faut que j'aille chercher ma nièce à son couvent. Cela me fait faire un détour. Vous conduirez ma femme directement. Je vous rejoindrai avec ma nièce.

MADAME VERNET : Et je n'aurai pas à m'occuper des malles pendant le trajet. Quelle chance !

MONSIEUR VERNET : Entendu : je vous confie ma femme et mes bagages.

MADAME VERNET : Vous reviendrez quand vous vous ennuierez.

MONSIEUR VERNET : Naturellement, je vous offre votre voyage.

HENRI : Pouvez-vous croire que la question d'argent m'importe ? Mais, je le répète, mes travaux avanceraient-ils ? N'insistez pas. Vous me feriez de la peine. Je le regrette. Quand je dis non, c'est non. Les affaires avant tout !

Les affaires ! quelles affaires ? Je serai donc toujours le même !

XVI
EN VOYAGE

Nous allions voir la mer. Je pris avec moi mes autorités : *La Mer* de Michelet, *La Mer* de Richepin. Frappant de petits coups sur les tranches pour faire envoler la poussière, je me dis :

« Avec ça, rien à craindre ! »

J'ajoutai à ces deux livres *Les Paysans* de Balzac, pour le cas où je serais obligé de faire quelque excursion en pleine campagne, de causer avec un médecin ou un curé et d'admirer la nature.

« Vous verrez ! » me disait Mme Vernet déjà enthousiaste.

Elle était tourmentée par la peur de manquer de vivres. Je lui offris de porter un panier de provisions. Elle refusa. Je n'insistai pas, car j'étais loin de l'aimer jusqu'à me charger de paquets.

Ainsi, j'allais faire un assez long voyage avec une

jeune femme, et je ne songeais pas qu'il me serait possible de mettre à profit l'aventure. D'autres soucis m'absorbaient.

Il était neuf heures du matin. Vers onze heures il faudrait manger. À chaque instant Mme Vernet me disait :

« Je sens la faim qui monte. »

Ou bien encore :

« J'ai l'estomac dans les talons. »

Ce chassé-croisé m'inquiétait. Il faudrait donc la voir manger, et sans doute faire comme elle, dans ce compartiment de première, où des gens graves et pleins d'idées en harmonie avec la classe des wagons qu'ils occupaient, nous regarderaient, d'abord étonnés, et détourneraient ensuite la tête par dégoût.

« Oui, c'est reçu, me disais-je. On ne peut pas passer douze heures en chemin de fer sans prendre quelque chose ; mais comment va-t-elle faire pour manger, dans un silence de mort, son œuf dur qui, je crois bien, est rouge ? »

Je souhaitais de voir notre compartiment se vider à la première station, non pour être seul avec Mme Vernet, mais pour qu'elle pût manger à mon aise.

Autre sotte terreur ! Nous étions dans un express.

L'Écornifleur

« En ce moment, le port de Barfleur est bleu d'eau de Javel, comme si un peuple de blanchisseuses venaient d'y laver leur linge. » écrit Jules Renard, dans son *Journal*, le 29 avril 1890 quand il retourne à Barfleur, non plus avec les Galbrun chez qui il était précepteur et nègre, mais avec femme et enfant, pour écrire son roman. Il passe l'été dans une maison de pêcheur, sur le port, près de l'église. Barfleur apparaît dans *L'Écornifleur* sous le nom de « Talléhou ». En 1903, il adapte le roman en pièce de théâtre sous le titre *Monsieur Vernet*. La comédie entre au répertoire de la Comédie-Française en 1933.

THOMAS MANN

L'artiste face à la beauté

Thomas Mann séjourne à Venise du 26 mai au 11 juin 1911. Sur la plage du Lido, il est troublé par la beauté d'un aristocrate polonais en vacances avec sa famille au Grand Hôtel des Bains. C'est lui qui, selon son traducteur polonais Andrzej Doegowski, lui inspire le personnage du jeune Tadzio sous le charme duquel tombe le héros, Gustav von Aschenbach, écrivain munichois au sommet de sa gloire, dans La Mort à Venise.

L'hôte qu'une mauvaise fortune si complaisante avait retenu là était bien loin de voir dans le retour de ses bagages le motif d'un nouveau départ. Il avait dû pendant deux jours subir quelques privations et se présenter aux repas dans la grande salle à manger en costume de voyage. Ensuite, quand on déposa enfin dans sa chambre la lourde malle égarée, il déballa consciencieusement ses effets, et il en remplit armoires et tiroirs, résolu à rester jusqu'à une époque provisoirement indéterminée, satisfait de pouvoir passer les heures à la plage en légers vêtements de soie, et au dîner se montrer en tenue de soirée à la table qui lui était réservée.

Le bien-être de cette existence réglée le tenait déjà sous son charme ; le bercement de cette vie douce et brillante l'avait rapidement subjugué. Quel incomparable séjour, en effet, que celui qui combine les charmes d'une maison confortable sur une plage du Midi avec le voisinage direct et familier de la bizarre et merveilleuse cité ! Aschenbach ne recherchait pas les plaisirs. S'agissait-il de chômer, de se livrer au repos, de se donner du bon temps, il sentait bientôt (et cela lui était arrivé surtout quand il était plus jeune) une inquiétude et un dégoût qui le ramenaient aux plus nobles efforts, à la sainte et austère servitude du travail quotidien. Seul ce lieu l'ensorcelait, débandait sa volonté, le rendait heureux. Parfois, dans la matinée, sous la tente de sa cabine, parcourant du regard la mer azurée, et rêvant, ou bien encore dans la nuit tiède, appuyé aux coussins de la gondole qui, de la place Saint-Marc où il venait de s'arrêter longuement, le reconduisait chez lui, au Lido, sous la clarté du ciel constellé, alors que les lumières chatoyantes et les sons langoureux de la sérénade s'éteignaient derrière lui, il se souvenait de sa villa des montagnes, du théâtre de ses luttes durant l'été, où les nuages descendaient à travers son jardin, où, le soir, de formidables orages soufflaient la lumière dans la maison et où les corbeaux qu'il nourrissait tournaient effarés dans les cimes des pins. Alors il avait parfois l'impression d'être transporté dans une région élyséenne, aux confins de la terre, là où une vie de béatitude est réservée aux hommes, où il n'y a ni neige, ni frimas, ni tempêtes, ni torrents de pluie, mais où Okeanos laisse toujours monter la douce fraîcheur de son souffle et où les jours s'écoulent dans des loisirs délicieux, sans peine, sans lutte, entièrement voués au soleil et à son culte.

Aschenbach voyait beaucoup, presque constamment le jeune Tadzio ; l'étroitesse de l'espace, l'emploi du temps imposé à chacun faisaient que le bel adolescent se trouvait toute la journée, sauf de rares interruptions, près de lui.

Il le voyait, il le rencontrait partout, au rez-de-chaussée de l'hôtel, sur le bateau qui, dans une brise rafraîchissante, conduisait de la plage à la ville et de la ville à la plage, sur la place splendide et souvent aussi, entre-temps, dans les rues et les venelles, quand la chance le favorisait. Mais c'était surtout la matinée sur la plage qui lui offrait, avec une régularité fort opportune, l'occasion prolongée de s'absorber dans une étude recueillie de la gracieuse apparition. C'était même cette discipline du bonheur, cette faveur des circonstances journellement et uniformément renouvelée, qui mettait le comble à son contentement et à son entrain, lui rendait sa résidence si chère et laissait les beaux jours se succéder en une série si complaisamment arrangée.

La Mort à Venise

La nouvelle de Thomas Mann a inspiré le célèbre film de Luchino Visconti qui a remporté la Palme d'Or à Cannes en 1971. Dans cette adaptation, le héros n'est plus écrivain mais compositeur. C'est Thomas Mann qui en donne l'idée au cinéaste en lui confiant avoir été inspiré par la mort de Gustav Malher, et celle, à Venise, de Richard Wagner. Le Grand Hôtel des Bains, rendu célèbre par le livre et le film, est en désuétude aujourd'hui. Je me suis arrêtée, l'été dernier, devant sa grille fermée et rouillée par endroits. J'ai contemplé sa façade Art Nouveau et ses volets clos face à la mer adriatique et la plage déserte. Je me suis tristement remémorée le décor formidable du film, l'ambiance et le luxe de la Belle Époque.

AGATHA CHRISTIE

Un héros en vacances

C'est dans une station balnéaire huppée du Devon, au sud-ouest de l'Angleterre, que l'un des plus célèbres héros de la littérature policière décide de s'établir, aspiré par un peu de détente. Au programme, bains de soleil et dîners avec les riches pensionnaires. Évidemment, la tranquillité des lieux est vite troublée lorsque le corps sans vie d'une ex-actrice de music-hall, sous le charme de laquelle vient de tomber Hercule Poirot, est retrouvé sur une plage.

Au *Jolly Roger* séjournait une personnalité de tout premier plan, du moins était-ce là l'opinion de l'intéressé. Étendu sur un transatlantique ultra-perfectionné, resplendissant dans un costume d'un blanc crème immaculé, un panama rabattu sur les yeux, les moustaches retroussées avec panache, Hercule Poirot embrassait la baie du regard. La plage était jonchée de matelas pneumatiques, de bouées, de canots, de jouets en caoutchouc et de ballons. Il y avait un superbe tremplin et, à intervalles réguliers, trois pontons.

Parmi les « baigneurs », les uns se baignaient bel et bien, les autres lézardaient au soleil, d'autres encore s'enduisaient d'huile à bronzer.

Installés sur la première terrasse au-dessus de la plage, les « non-baigneurs » devisaient de tout et de rien : le temps, le spectacle qui se déroulait sous leurs yeux, la une des journaux du matin.

À la gauche d'Hercule Poirot, Mme Gardener débitait un flot incessant de banalités tandis que cliquetaient ses aiguilles à tricoter maniées avec vigueur. À ses côtés, son mari, Odell C. Gardener, affalé sur un transat, le chapeau rabattu sur le nez, émettait de temps à autre, le bref acquiescement que son épouse attendait de lui.

À la droite de Poirot, Mlle Brewster, créature d'allure sportive, cheveux grisonnants et visage hâlé par le grand air, lançait des réflexions amères. Le tout n'était pas sans évoquer les aboiements d'un molosse interrompant les jappements d'un loulou de Poméranie.

Mme Gardener pérorait :

— Et alors j'ai dit à M. Gardener, je lui ai dit, écoute, le tourisme, c'est bien beau mais quand on visite un pays, je trouve qu'il faut le faire à fond. Après tout, je lui ai dit, nous avons déjà fait l'Angleterre comme il faut et ce dont j'ai envie maintenant, c'est d'un petit coin tranquille en bord de mer rien que pour se détendre.

[...]

Mme Gardener continua sur sa lancée :

— Et alors j'en ai parlé à M. Kelso, chez Cook – c'est lui qui a établi notre itinéraire, il nous a été d'un grand secours, je ne sais pas ce que nous aurions fait sans lui ! – et donc, comme je disais, quand j'en ai parlé à M. Kelso, il m'a dit que nous ne pouvions pas trouver mieux que la baie de Leathercombe. Un endroit des plus pittoresques, m'a-t-il dit, loin de tout et en même temps très confortable et très bien fréquenté.

[...]

M. Kelso nous a dit aussi que des célébrités fréquentaient

le *Jolly Roger*, et je constate qu'il ne nous a pas menti. Il y a *vous*, monsieur Poirot, et puis Mlle Darnley. Oh ! j'étais folle de joie quand je vous ai vu ici, n'est-ce pas, Odell ?

— C'est vrai, chérie.

— Nous côtoyons le gratin, n'est-ce pas, monsieur Poirot ! lança Mlle Brewster de sa grosse voix.

[...]

Mme Gardener fit cliqueter ses aiguilles avec un regain de vigueur et reprit :

— Je dois vous faire un aveu, monsieur Poirot. Quand je vous ai reconnu, j'ai quand même eu un *choc*. Non que je ne sois pas ravie de faire votre connaissance ; je l'étais, c'est la vérité, M. Gardener le sait bien. Mais je me suis demandé si vous n'étiez pas ici... dans un but professionnel. Vous voyez ce que je veux dire ? C'est que je suis terriblement impressionnable, M. Gardener vous le dira, et que je ne pourrais jamais supporter d'être mêlée à une affaire criminelle, quelle qu'elle soit. Voyez-vous, je...

M. Gardener se racla la gorge :

— Voyez-vous, monsieur Poirot, Mme Gardener est très impressionnable.

Les mains d'Hercule Poirot s'élevèrent dans un grand geste lénifiant.

— Permettez que je vous certifie, très chère madame, dit-il dans son inimitable anglais mâtiné de belge pompeux, que je suis venu ici poussé par les mêmes motifs impérieux que vous : souffler un peu, me détendre, profiter des vacances ! J'ai oublié jusqu'à la notion même de crime !

Les Vacances d'Hercule Poirot,
traduction de Laure Terilli

Vacances pour tous

Jamais de répit pour les détectives ! Un autre héros de la littérature policière voit ses vacances fort contrariées. En 1948, sept ans après *Les Vacances d'Hercule Poirot* d'Agatha Christie, Georges Simenon publie *Les Vacances de Maigret*. Le commissaire et son épouse décident de se reposer quelques jours aux Sables d'Olonne. Le lendemain de leur arrivée, Mme Maigret est victime d'une crise d'appendicite et doit être opérée d'urgence. Maigret s'ennuie ferme. Il rend visite à sa femme alitée, flâne sous le soleil vendéen, ingurgite des petits verres de vin blanc dans les bistrots. Jusqu'à ce qu'il trouve un curieux billet dans sa poche et que la mort d'un malade de la clinique le taraude. Commence alors une enquête personnelle cette fois, et non officielle.

KATHERINE MANSFIELD

L'heure de la sieste

La baie est une nouvelle publiée pour la première fois en 1922 dans la revue littéraire *The London Mercury. On y retrouve la famille Burnell, déjà présente dans un texte intitulé* Prélude, *dans le cadre paradisiaque de La Nouvelle-Zélande où Katherine Mansfield (1888-1923) a passé son enfance. Les chauds débuts d'après-midi des vacances d'été y sont consacrés à la sieste.*

La mer était basse ; la plage était déserte ; les flots tièdes clapotaient paresseusement. Le soleil ardent, flamboyant, tapait dur sur le sable fin ; il embrasait les galets veinés de blanc, les gris, les bleus, les noirs. Il absorbait la petite goutte d'eau blottie au creux des coquillages incurvés ; il décolorait les liserons roses qui festonnaient les dunes. Tout paraissait immobile, à part les petites puces de mer. Pft-pft-pft ! Elles n'arrêtaient pas une seconde.

Là-bas, sur les rochers tapissés de varech qui ressemblaient, à marée basse, à des bêtes au long poil descendues boire au bord de l'eau, le soleil tournoyait telle une pièce d'argent dans chaque petite flaque. Elles miroitaient, frissonnaient et d'infimes vaguelettes venaient baigner leurs rives poreuses. Si on se penchait pour l'observer, chaque flaque était comme un lac bordé de maisonnettes roses et bleues ; et par-derrière, oh ! une immense région montagneuse – des ravins, des cols, des criques dangereuses et des sentiers affreusement escarpés qui menaient au bord de l'eau. Sous la surface ondoyait la forêt marine – des arbres roses, minces comme des fils, des anémones veloutées et des algues orange tachetées de petits fruits. Voici qu'au fond une pierre remuait, oscillait et l'on entrevoyait une antenne noire; une créature filiforme passait en ondulant et se perdait. Il arrivait quelque chose aux arbres roses tout ondoyants : ils devenaient d'un bleu froid de clair de lune. Et soudain, à peine audible, un tout petit « floc ». Qui avait fait ce bruit? Que se passait-il là-dessous? Et comme l'odeur humide du varech était forte sous le soleil brûlant…

Les stores verts étaient baissés dans les bungalows des estivants. Des costumes de bain avachis et des serviettes rayées toutes rêches étaient disposés sur les vérandas, étalés dans l'enclos, jetés sur les clôtures. Il semblait y avoir une paire de sandales de plage sur le rebord de chacune des fenêtres donnant sur l'arrière, des fragments de roche, ou bien un seau, ou encore une collection de coquilles de pawa. La brousse vibrait dans une brume de chaleur; la route sablonneuse était déserte, seul le chien des Trout, Snooker, était couché en plein milieu. Son œil bleu regardait en l'air, ses pattes étaient étendues sur le côté, bien raides, et il poussait de temps à autre un soupir pathétique, comme pour dire qu'il avait décidé d'en finir et n'attendait plus que le passage d'une carriole secourable.

« La baie », in *La Garden-Party et autres nouvelles,*
traduit de l'anglais par Françoise Pellan

Même si Katherine Mansfield puise beaucoup son inspiration dans les paysages de sa jeunesse, elle dévoile, dans son *Journal*, que cette histoire lui a été inspirée lors d'un séjour sur la côte d'Azur : «J'étais incapable d'échapper au bruit de la mer.» Sa façon de s'intéresser à des tableaux lumineux, et de les décrire par petites touches, donne un parfait exemple de ce qu'on a appelé l'impressionnisme littéraire. Après sa mort, Virginia Woolf écrira : «Je ne voulais pas me l'avouer, mais j'étais jalouse de son écriture, la seule écriture dont j'aie jamais été jalouse. Elle avait la vibration.»

FRANÇOISE SAGAN

Bonjour l'été

Françoise Sagan rédige Bonjour tristesse *en six semaines au cours de l'été 1953. Le roman contient déjà tous les thèmes chers à l'auteur : le soleil, la vie facile et oisive, les plaisirs mondains, les rapports de séduction, les jeux dangereux. Cécile, 17 ans, passe l'été avec son père dans une villa en bord de mer du côté de Saint-Tropez. Elle vit drame et amour de vacances.*

Cet été-là, j'avais dix-sept ans et j'étais parfaitement heureuse. Les « autres » étaient mon père et Elsa, sa maîtresse. Il me faut tout de suite expliquer cette situation qui peut paraître fausse. Mon père avait quarante ans, il était veuf depuis quinze ; c'était un homme jeune, plein de vitalité, de possibilités, et, à ma sortie de pension, deux ans plus tôt, je n'avais pas pu ne pas comprendre qu'il vécût avec une femme. J'avais moins vite admis qu'il en changeât tous les six mois ! Mais bientôt sa séduction, cette vie nouvelle et facile, mes dispositions m'y amenèrent. C'était un homme léger, habile en affaires, toujours curieux et vite lassé, et qui plaisait aux femmes. Je n'eus aucun mal à l'aimer, et tendrement, car il était bon, généreux, gai, et plein d'affection pour moi. Je n'imagine pas de meilleur ami ni de plus distrayant. À ce début d'été, il poussa même la gentillesse jusqu'à me demander si la compagnie d'Elsa, sa maîtresse actuelle, ne m'ennuierait pas pendant les vacances. Je ne pus que l'encourager car je savais son besoin des femmes et que, d'autre part, Elsa ne nous fatiguerait pas. C'était une grande fille rousse, mi-créature, mi-mondaine, qui faisait de la figuration dans les studios et les bars des Champs-Élysées. Elle était gentille, assez simple et sans prétentions sérieuses. Nous étions d'ailleurs trop heureux de partir, mon père et moi, pour faire objection à quoi que ce soit. Il avait loué, sur la Méditerranée, une grande villa blanche, isolée, ravissante, dont nous rêvions depuis les premières chaleurs de juin. Elle était bâtie sur un promontoire, dominant la mer, cachée de la route par un bois de pins; un chemin de chèvres descendait à une petite crique dorée, bordée de rochers roux où se balançait la mer.

Les premiers jours furent éblouissants. Nous passions des heures sur la plage, écrasés de chaleur, prenant peu à peu une couleur saine et dorée, à l'exception d'Elsa qui rougissait et pelait dans d'affreuses souffrances. Mon père exécutait des mouvements de jambes compliqués pour faire disparaître un début d'estomac incompatible avec ses dispositions de Don Juan. Dès l'aube, j'étais dans l'eau, une eau fraîche et transparente où je m'enfouissais, où je m'épuisais en des mouvements désordonnés pour me laver de toutes les ombres, de toutes les poussières de Paris. Je m'allongeais dans le sable, en prenais une poignée dans ma main, le laissais s'enfuir de mes doigts en un jet jaunâtre et doux, je me disais qu'il s'enfuyait comme le temps, que c'était une idée facile et qu'il était agréable d'avoir des idées faciles. C'était l'été.

Vacances pour tous

Le sixième jour, je vis Cyril pour la première fois. Il longeait la côte sur un petit bateau à voile et chavira devant notre crique. Je l'aidai à récupérer ses affaires et, au milieu de nos rires, j'appris qu'il s'appelait Cyril, qu'il était étudiant en droit et passait ses vacances avec sa mère, dans une villa voisine.

Bonjour tristesse

Françoise Sagan concourt à mythifier Saint-Tropez grâce à son premier roman et, dans la foulée, les vacances qu'elle y passe, escortée de sa bande de joyeux copains Florence Malraux, Véronique Campion, Bernard Franck, Jacques Chazot, Juliette Gréco et bien d'autres. *Bonjour tristesse* est adapté au cinéma en 1958 par le réalisateur américain Otto Preminger avec Jean Seberg dans le rôle de Cécile, David Niven dans celui du père, et Mylène Demongeot dans celui d'Elsa.

ROLAND BARTHES

Les vacances de l'écrivain

Mythologies se présente comme un recueil de 53 textes brefs, ironiques et sensibles, sur les pratiques des Français dans les années 50. Roland Barthes souligne les préjugés véhiculés à travers les représentations collectives. Il démystifie ce qui a transformé la culture petite bourgeoise en nature universelle. Il évoque aussi bien le catch, le vin, le steack frites que l'homme de lettres qui suscite encore beaucoup de curiosité dans les mentalités.*

Gide lisait du Bossuet en descendant le Congo. Cette posture résume assez bien l'idéal de nos écrivains « en vacances », photographiés par *Le Figaro* : joindre au loisir banal le prestige d'une vocation que rien ne peut arrêter ni dégrader. Voilà donc un bon reportage, bien efficace sociologiquement, et qui nous renseigne sans tricher sur l'idée que notre bourgeoisie se fait de ses écrivains.

Ce qui semble d'abord la surprendre et la ravir, cette bourgeoisie, c'est sa propre largeur de vues à reconnaître que les écrivains sont eux aussi gens à prendre communément des vacances. Les « vacances » sont un fait social récent, dont il serait d'ailleurs intéressant de suivre le développement mythologique. D'abord fait scolaire, elles sont devenues, depuis les congés payés, un fait prolétarien, du moins laborieux. Affirmer que ce fait peut désormais concerner des écrivains, que les spécialistes de l'âme humaine sont eux aussi soumis au statut général du travail contemporain, c'est une manière de convaincre nos lecteurs bourgeois qu'ils marchent bien avec leur temps : on se flatte de reconnaître la nécessité de certains prosaïsmes, on s'assouplit aux réalités « modernes » par les leçons de Siegfried et de Fourastié.

Bien entendu, cette prolétarisation de l'écrivain n'est accordée qu'avec parcimonie, et pour être mieux détruite par la suite. À peine pourvu d'un attribut social (les vacances en sont un fort agréable), l'homme de lettres retourne bien vite dans l'empyrée qu'il partage avec les professionnels de la vocation. Et le « naturel » dans lequel on éternise nos romanciers est en fait institué pour traduire une contradiction sublime : celle d'une condition prosaïque, produite, hélas, par une époque bien matérialiste, et du statut prestigieux que la société bourgeoise concède libéralement à ses hommes de l'esprit (pourvu qu'ils lui soient inoffensifs).

Ce qui prouve la merveilleuse singularité de l'écrivain, c'est que pendant ces fameuses vacances, qu'il partage fraternellement avec les ouvriers et les calicots, il ne cesse, lui, sinon de travailler, du moins de produire. Faux travailleur, c'est aussi un faux vacancier. L'un écrit ses souvenirs, un autre corrige des épreuves, le troisième prépare son prochain livre. Et celui qui ne fait rien l'avoue comme une conduite vraiment paradoxale, un exploit d'avant-garde, que seul un esprit fort peut se permettre d'afficher. On connaît cette dernière forfanterie qu'il est très « naturel » que l'écrivain écrive toujours, en toutes situations. D'abord cela assimile la production littéraire à une sorte sécrétion involontaire, donc tabou, puisqu'elle échappe aux déterminismes humains : pour parler plus noblement, l'écrivain est la proie d'un dieu intérieur qui parle en tous moments, sans se soucier, le tyran, des vacances de son médium. Les écrivains sont en vacances, mais leur Muse veille, et accouche sans désemparer.

Le second avantage de cette logorrhée, c'est que par son caractère impératif, elle passe tout naturellement pour l'essence même de l'écrivain. Celui-ci concède sans doute qu'il est pourvu d'une existence humaine, une vieille maison de campagne, d'une famille, d'un short, d'une petite fille, etc., mais contrairement aux autres travailleurs qui changent d'essence, et ne sont plus sur la plage que des estivants, l'écrivain, lui, garde partout sa nature d'écrivain; pourvu de vacances, il affiche le signe de son humanité; mais le dieu reste, on est écrivain comme Louis XIV était roi, même sur la chaise percée.

Mythologies

Roland Barthes passe ses vacances d'adolescent chez ses grands-parents au Pays basque, à Bayonne. Puis, dans les années 60, sa mère, Henriette, acquiert une maison à Hendaye dont elle se sépare rapidement, jugeant la zone trop touristique. Elle achète alors la maison Carboué, à Urt, où le sémiologue passera tous les étés et les vacances scolaires, se ressourçant, lisant, dessinant, écrivant, travaillant, écoutant de la musique, savourant le soleil et les roses du jardin, jusqu'à sa mort.

FRÉDÉRIC BEIGBEDER

À Formentera, tu écriras

Charles Bukowski avait pour double Henry Chinaski, Frédéric Beigbeder a Marc Marronnier. Dans L'Amour dure trois ans, *dernier opus d'une trilogie d'inspiration autobiographique, Marc divorce et retombe amoureux. C'est la quiétude de Formentera, île enchanteresse de l'archipel des Baléares, qu'il choisit pour ses vacances et pour finir l'écriture de son histoire.*

J'écoute le bruit de la mer. Je ralentis enfin. La vitesse empêche d'être soi. Ici les journées ont une durée lisible dans le ciel. Ma vie parisienne n'a pas de ciel. Pondre une accroche, faxer un article, répondre au téléphone, vite, courir de réunion en réunion, déjeuner sur le pouce, vite, vite, se grouiller en scooter pour arriver en retard à un cocktail. Mon existence absurde méritait bien un coup de frein. Se concentrer. Ne faire qu'une seule chose à la fois. Caresser la beauté du silence. Profiter de la lenteur. Entendre le parfum des couleurs. Tous ces trucs que le monde veut nous interdire.

Tout est à refaire. Il faut tout réorganiser dans cette société. Aujourd'hui ceux qui ont de l'argent n'ont pas de temps, et ceux qui ont du temps n'ont pas d'argent. Échapper au travail est aussi difficile qu'échapper au chômage. L'oisif est l'ennemi public numéro un. On attache les gens avec l'argent : ils sacrifient leur liberté pour payer leurs impôts. Il ne faut pas tourner autour du pot : l'enjeu du siècle prochain sera de supprimer la dictature de l'entreprise.

Formentera, petite île… Satellite d'Ibiza dans la constellation des Baléares. Formentera, c'est la Corse sans les bombes, Ibiza sans les boîtes, Moustique sans Mick Jagger, Capri sans Hervé Vilard, le Pays basque sans la pluie.

Soleil blanc. Promenade en Vespa. Chaleur et poussière. Fleurs desséchées. Mer turquoise. Odeur des pins. Chant des grillons. Lézards trouillards. Moutons qui font mêêê.

— Il n'y a pas de « mais », leur rétorqué-je.

Soleil rouge. Gambas a la plancha. Vamos a la playa. Étoiles de ciel. Gin con limon. Je cherchais l'apaisement, c'est ici, où il fait trop chaud pour écrire de longues phrases. On peut être en vacances ailleurs que dans le coma. La mer est remplie d'eau. Le ciel bouge sans cesse. Les étoiles filent. Respirer de l'air devrait toujours être une occupation à plein temps.

L'Amour dure trois ans
© Éditions Grasset, 1997

Frédéric Beigbeder fait encore référence à Formentera deux ans plus tard, en 1999, dans *Nouvelles sous ecstasy*. Il y écrit le texte intitulé *L'homme qui regardait les femmes, 1*, hommage au tube de l'été 1981 de Patrick Coutin. La chanson, qui exprime la frustration d'un adolescent devant la beauté et la sensualité des femmes sur le sable, à une époque où elles se libèrent, reste, pour Beigbeder, l'hymne des plages.

MICHEL HOUELLEBECQ

Club de vacances

Dans La Possibilité d'une île *paru en 2005, le personnage principal, Daniel 1, est un humoriste à succès, observateur acéré de la société et adepte de la provocation. Le roman s'ouvre par une scène cocasse qui se déroule dans un club de vacances de Turquie. Les touristes côtoyés par le héros sont peut-être à l'origine de son dégoût pour une humanité qu'il trouve désespérante.*

Comme ils restent présents à ma mémoire, les premiers instants de ma vocation de bouffon J'avais alors dix-sept ans, et je passais un mois d'août plutôt morne dans un club *all inclusive* en Turquie – c'est d'ailleurs la dernière fois que je devais partir en vacances avec mes parents. Ma conne de sœur – elle avait treize ans à l'époque – commençait à allumer tous les mecs. C'était au petit déjeuner; comme chaque matin une queue s'était formée pour les œufs brouillés, dont les estivants semblaient particulièrement friands. À côté de moi, une vieille Anglaise (sèche, méchante, du genre à dépecer des renards pour décorer son living-room), qui s'était déjà largement servie d'œufs, rafla sans hésiter les trois dernières saucisses garnissant le plat de métal. Il était onze heures moins cinq, c'était la fin du service du petit déjeuner, il paraissait impensable que le serveur apporte de nouvelles saucisses. L'Allemand qui faisait la queue derrière elle se figea sur place; sa fourchette déjà tendue vers une saucisse s'immobilisa à mi-hauteur, le rouge de l'indignation emplit son visage. C'était un Allemand énorme, un colosse, plus de deux mètres, au moins cent cinquante kilos. J'ai cru un instant qu'il allait planter sa fourchette dans les yeux de l'octogénaire, ou la serrer par le cou et lui écraser la tête sur le distributeur de plats chauds. Elle comme si de rien n'était, avec cet égoïsme sénile, devenu inconscient, des vieillards, revenait en trottinant vers sa table. L'Allemand prit sur lui, je sentis qu'il prenait énormément sur lui, mais son visage recouvra peu à peu son calme et il repartit tristement, sans saucisses, en direction de ses congénères.

À partir de cet incident, je composai un petit sketch relatant une révolte sanglante dans un club de vacances, déclenchée par des détails minimes contredisant la formule *ail inclusive :* une pénurie de saucisses au petit déjeuner, suivie d'un supplément à payer pour le minigolf. Le soir même je présentai ce sketch lors de la soirée « VOUS AVEZ DU TALENT ! » (un soir par semaine le spectacle était composé de numéros proposés par les vacanciers, à la place des animateurs professionnels) ; j'interprétais tous les personnages à la fois, débutant ainsi dans la voie du one man show dont je ne devais pratiquement plus sortir, tout au long de ma carrière. Presque tout le monde venait au spectacle d'après-dîner, il n'y avait pas grand-chose à foutre jusqu'à l'ouverture de la discothèque; cela faisait déjà un public de huit cents personnes. Ma prestation obtint un succès très vif, beaucoup riaient aux larmes et il y eut des applaudissements nourris. Le soir même, à la discothèque, une jolie brune appelée Sylvie me dit que je l'avais beaucoup fait rire, et qu'elle appréciait les garçons qui avaient le sens de l'humour. Chère Sylvie. C'est ainsi que je perdis ma virginité, et que se décida ma vocation.

La Possibilité d'une île

> La thématique des vacances est au cœur de l'œuvre de Michel Houellebecq. Elle lui permet notamment de dénoncer l'industrie du tourisme de masse et le circuit organisé. Publié en 2000, *Lanzarote* se lit comme un récit de voyage désabusé et cru portant sur les loisirs de la classe moyenne. En 2001, le roman *Plateforme* aborde le sujet du tourisme sexuel et plus particulièrement de la prostitution en Thaïlande.

NICOLAS REY

Premiers congés payés

Avec l'instauration des congés payés, l'été 1936 marque un tournant dans la vie des français. Nicolas Rey tente de restituer le bonheur engendré par cet acquis social dans un texte relatant les premières vacances de ses grands-parents. Les délices de 36 *paraît dans la collection Incipit des éditions Steinkis dont le principe est de raconter une première fois historique.*

Gloire à la sieste ! 1936 ! Ne rien faire ! Ou l'inverse ! Faire des choses, enfin. Vivre. Respirer. Se balader sur la plage ou en haut d'une montagne. Cette année-là, une idée se promène un peu partout : « être payé sans travailler », et puis également : « avoir droit au bonheur ». C'était une idée neuve.

Voilà. Tout est dit. Ou presque. Vian écrivait qu'il voulait « voir tous les enfants contents ». Il écrivait aussi « qu'il faut être heureux, ne serait-ce que pour montrer l'exemple ». Notre vie dure l'espace d'un clin d'œil. Pourquoi la perdre à vouloir la gagner ? Nous allons devenir ce que nous étions avant de naître. À savoir : rien. Le chaos. Le vide. Une sorte de sommeil profond. Alors ? Deux semaines de congés payés par an ? Il faut dire un grand oui ! Avant la grande faucheuse, deux semaines de grasses matinées, d'amour, de pétanques, de randonnées, de saucisses grillées, de bains de mer, de pique-niques et de fraternité.

Pour cela, il va falloir des droits nouveaux et des mentalités nouvelles. Le Front populaire est une longue histoire d'amour. Car c'est bien d'amour dont il s'agit. Reprenons. En 1920, Jean tombe amoureux de Bernadette. Marius vient au monde en 1921 et sans péridurale. Jean est ouvrier. Il travaille à la chaîne. Il n'a pas le temps de penser, pas le temps de rêver, pas le temps de vivre et encore moins celui d'aimer. L'usine lui presse le corps et le cerveau. Le travail est une aliénation. Bernadette est standardiste dans une entreprise de produits textiles. En fin de journée, elle sort du bureau lessivée avec la tête dans un étau. Cela aurait pu durer une vie, toute une longue vie durant. Mais ces deux-là se sont rencontrés à Châteauroux au bal du 14 juillet 1920. [...] Lors de ce fameux bal, Jean s'est d'abord levé de sa chaise. Il a marché en direction de Bernadette, laquelle, plus tard, allait devenir ma grand-mère. [...] À l'aube, Bernadette a avoué à Jean qu'elle caressait le rêve fou, un jour, de partir pour l'Inde pour fabriquer des tissus. Bernadette était une femme de caractère. Elle voulait tout dans la vie et son contraire. Parcourir le monde et construire une famille. Avoir un foyer, un enfant un homme qui sache bricoler, tenir les comptes, être libre comme jamais.

1936, donc. Et cette note d'espoir collectif, enfin. L'effervescence n'est pas nouvelle : depuis vingt ans, les conflits sociaux se sont multipliés. La nouveauté, et la force du mouvement, est une question d'ambiance : les ouvriers, portés par le contexte de la victoire politique de la gauche, semblent certains de gagner, et les grèves se font avec occupation d'usines. Ce qui s'affiche, c'est une joie tranquille, une manière de vivre aussi, avec casse-croûte, danses, musiques, chants, réunions vivantes et revendicatives, photos de groupe, solidarités entre âges, sexes, métiers, fonctions, le tout popularisé par de multiples reportages de presse. Un étrange moment de bonheur collectif, une parenthèse effervescente, comme une bouffée d'air pur.

Les délices de 36

> « Nous voulons que l'ouvrier, le paysan et le chômeur trouvent dans le loisir la joie de vivre et le sens de leur dignité. » proclame Léon Lagrange, sous-secrétaire d'État aux sports et à l'organisation des loisirs, le 10 juin 1936. Avec le billet populaire de congés annuels, il permet à des milliers de personnes de bouger, quitter la grisaille des villes pour respirer l'air de la campagne ou découvrir la mer.

Le goût de

Géographie

Le goût de l'Abyssinie
Le goût de l'Afghanistan
Le goût de l'Afrique
Le goût d'Alexandrie
Le goût d'Alger
Le goût d'Amsterdam
Le goût de l'Anjou
Le goût d'Antibes
Le goût de l'Asie
Le goût d'Athènes
Le goût de l'Australie
Le goût de Bali
Le goût de Barcelone
Le goût de Belgrade
Le goût de Berlin
Le goût de Beyrouth
Le goût de la Birmanie
Le goût de Bombay
Le goût de Bordeaux
Le goût du Brésil
Le goût de la Bretagne
Le goût de Bruxelles
Le goût de Bucarest
Le goût de Budapest
Le goût de Buenos Aires
Le goût du Cambodge
Le goût du Canada
Le goût de Cannes
Le goût des cités impériales du Maroc
Le goût de Capri et autres îles italiennes
Le goût de Chicago

Le goût de la Chine
Le goût de la Corse
Le goût de la Crète
Le goût de la Croatie
Le goût de Cuba
Le goût de Deauville
Le goût de Dublin
Le goût de l'Égypte
Le goût de l'Engadine
Le goût de Florence
Le goût de la France
Le goût de Genève
Le goût de la Grande-Bretagne
Le goût du Grand Nord
Le goût de la Grèce
Le goût de Grenade
Le goût de la Guadeloupe
Le goût d'Haïti
Le goût de la Haute-Provence
Le goût de La Havane
Le goût du Havre
Le goût des îles Baléares
Le goût des îles grecques
Le goût de l'île Maurice
Le goût de l'Inde
Le goût des villes de l'Inde
Le goût de l'Iran
Le goût d'Istanbul
Le goût du Japon
Le goût de Jérusalem
Le goût de Kyoto
Le goût des lacs italiens
Le goût du Liban
Le goût de Lille

Le goût de Lisbonne
Le goût de la Loire
Le goût de Londres
Le goût de Los Angeles
Le goût de Lourdes
Le goût de Lyon
Le goût de Madrid
Le goût de Marrakech
Le goût de Marseille
Le goût de la Martinique
Le goût de la Méditerranée
Le goût de Mexico
Le goût du Mexique
Le goût du mont Blanc
Le goût de Montpellier
Le goût de Montréal
Le goût du Mont-Saint-Michel
Le goût de Moscou
Le goût de Nancy
Le goût de Nantes
Le goût de Naples
Le goût du Népal
Le goût de New York
Le goût de Nice
Le goût de la Normandie
Le goût d'Odessa
Le goût de l'Orient
Le goût de Palerme
Le goût de Paris
Le goût du Paris insolite
Le goût du Pays basque
Le goût de Pékin
Le goût du Périgord
Le goût du Portugal

Le goût de Prague
Le goût de la Provence
Le goût du Rhin
Le goût de Rio
Le goût de Rome
Le goût de la Russie
Le goût de Saint-Jacques-de-Compostelle
Le goût de Saint-Pétersbourg
Le goût de Salzbourg
Le goût de San Francisco
Le goût du Sénégal
Le goût de Séville
Le goût de Shanghai
Le goût de la Sicile
Le goût de Strasbourg
Le goût de la Suisse
Le goût de Tahiti
Le goût de Tanger
Le goût de la Thaïlande
Le goût du Tibet
Le goût de Tokyo
Le goût de la Toscane
Le goût de Toulouse
Le goût de Tours
Le goût de Trieste
Le goût de Tunis
Le goût de Turin
Le goût de la Turquie
Le goût de Venise
Le goût de Versailles
Le goût du Vietnam
Le goût de Vienne

Thématiques

Le chant des villes
Le (dé)goût de la laideur
Le goût de l'absolu
Le goût de l'amitié
Le goût de l'amour
Le goût des amours à Paris
Le goût des animaux
Le goût des arbres
Le goût de l'architecture
Le goût de l'argent
Le goût de l'automobile
Le goût du baiser
Le goût de la beauté
Le goût de la bière
Le goût du bijou
Le goût du blanc
Le goût du bleu
Le goût du bonheur
Le goût du bouddhisme
Le goût de la boxe
Le goût des cafés
Le goût du café
Le goût de la campagne
Le goût du champagne
Le goût de la chanson
Le goût des chats
Le goût du cheval
Le goût des chiens
Le goût du chocolat
Le goût du ciel
Le goût du cinéma
Le goût du cirque
Le goût des cochons

Le goût du corps
Le goût de courir
Le goût de la cuisine
Le goût de la danse
Le goût des déserts
Le goût des desserts
Le goût du dessin
Le goût de Dieu
Le goût de l'école
Le goût de l'écriture
Le goût de l'enfance
Le goût de l'esprit français
Le goût de l'été
Le goût des faits divers
Le goût du fantastique
Le goût du féminisme
Le goût des femmes
Le goût de la fête
Le goût des fleurs
Le goût du football
Le goût de la forêt
Le goût des frères et sœurs
Le goût des fruits
Le dégoût de la guerre de 14-18
Le goût des haïku
Le goût de l'hiver
Le goût des hommes
Le goût de l'humour
Le goût de l'humour juif
Le goût des îles
Le goût des jardins
Le goût du jazz
Le goût du jeu
Le goût du judaïsme

Le goût de la lecture
Le goût de la liberté
Le goût des livres
Le goût de la magie
Le goût de la maison
Le goût de la marche
Le goût du mariage
Le goût des mathématiques
Le goût de la médecine
Le goût de la mer
Le goût des mères
Le goût de la mode
Le goût de la montagne
Le goût des mots
Le goût des musées
Le goût de la musique
Le goût de Noël
Le goût du noir
Le goût de la nostalgie
Le goût de la nuit
Le goût de l'opéra
Le goût de l'or
Le goût de la paresse
Le goût des parfums
Le goût de la passion
Le goût de la pêche
Le goût de la peinture
Le goût de la philosophie
Le goût de la photo
Le goût du piano
Le goût de la pluie et du beau temps
Le goût de la poésie amoureuse
Le goût de la poésie française
Le goût de la politique

Le goût du printemps
Le goût de la radio et autres sons
Le goût du rêve
Le goût de la révolte
Le goût du rock'n'roll
Le goût de la rose
Le goût du rouge
Le goût du rugby
Le goût des senteurs
Le goût du sexe
Le goût de la sculpture
Le goût du sport
Le goût du tabac
Le goût du tennis
Le goût du thé
Le goût du théâtre
Le goût du travail
Le goût des vacances
Le goût des vaches
Le goût des vampires

Personnages célèbres

Le goût de Jeanne d'Arc
Le goût de Jules César
Le goût de Joséphine
Le goût de Louis XIV
Le goût de Marie-Antoinette
Le goût de Mozart
Le goût de Napoléon

Réalisation Pao : Dominique Guillaumin
Achevé d'imprimer
sur les presses de la Nouvelle Imprimerie Laballery
en mai 2022.
Imprimé en France.

Dépôt légal : mai 2022

N° d'imprimeur : 204238

540555